AF532636

FRANK ROSIN

Ehrlich wie ’ne Currywurst

FRANK ROSIN

mit Andreas Hock

Ehrlich wie ’ne Currywurst

Mein Weg von der Pommesbude ins Sternerestaurant

Aus redaktionellen Gründen wurden die Namen im Text teilweise geändert.

Sämtliche Angaben in diesem Werk erfolgen trotz sorgfältiger Bearbeitung ohne Gewähr. Eine Haftung der Autoren bzw. Herausgeber und des Verlages ist ausgeschlossen.

1. Auflage

Medieninhaber, Verleger und Herausgeber:
Red Bull Media House GmbH
Oberst-Lepperdinger-Straße 11–15
5071 Wals bei Salzburg, Österreich

Satz: MEDIA DESIGN: RIZNER.AT
Gesetzt aus der Minion Pro
Umschlaggestaltung: Büro Jorge Schmidt, München, unter Verwendung eines Fotos von Daniel Kunzfeld
Die Fotos im Innenteil stammen aus dem Privatbesitz von Frank Rosin, mit Ausnahme von: S. 126 (imago/biky).
Autorenillustration: © Claudia Meitert/carolineseidler.com
Printed by Finidr, Czech Republic
ISBN 978-3-7110-0304-1

Dieses Buch widme ich meinen Eltern
Marlies und Willi

Inhalt

Vorwort

Im Lauf der letzten Jahre wurde ich immer wieder gefragt, ob ich nicht Lust hätte, auch mal etwas anderes als ein Kochbuch zu schreiben. Das habe ich eigentlich immer dankend abgelehnt, weil ich mir beim besten Willen nicht vorstellen konnte, dass mein bisheriges Leben interessant genug für eine Biografie sein könnte. Klar, durch TV-Auftritte und meine eigenen Sendungen kennen mich inzwischen viele Menschen, und wenn ich nicht gerade in Ruhe Zeit mit meiner Familie oder meinen Freunden verbringen möchte, freue ich mich natürlich, wenn mich jemand auf »Rosins Restaurants« oder meine anderen Formate anspricht. Letztlich bin ich aber nur ein Koch, oder besser gesagt: ein Gastronom. Davon gibt's Zigtausende, und trotz der zwei Michelin-Sterne, mit denen wir unseren Betrieb in Dorsten seit vielen Jahren immer wieder aufs Neue schmücken dürfen, sicherlich auch etliche bessere.

Trotzdem habe ich mich eines schönen Tages mit einem guten Glas Wein an den Tisch gesetzt, die alten Alben hervorgekramt, jede Menge Fotos von früher angeschaut und überlegt, wie das damals alles eigentlich angefangen hat. Und wie aus einem ziemlich miesen, völlig uninteressierten Schüler der Typ werden konnte, der ich heute bin.

Klar habe ich auch eine Menge Glück gehabt! Da war zum einen meine Mutter, die immer an mich geglaubt und mir den Rücken gestärkt hat – selbst als wir mal wieder nicht wussten, wie wir in unserem gerade eröffneten Laden die Stromrechnung für den abgelaufenen Monat bezahlen sollten. Und zum anderen, dass ich in den richtigen Momenten ganz besondere Menschen treffen durfte, die mich inspiriert haben – und mich mit »Augen und Ohren klauen« ließen, wie mein Vater immer zu sagen pflegte. Aber ich habe auch immer mal wieder ordentlich auf die Fresse bekommen, manchmal sogar im wörtlichen Sinne, dennoch den Arsch zusammengekniffen und mein Ding durchgezogen.

Wäre es nach manch schlauem Experten, Kritiker oder auch Kollegen in dieser Branche gegangen, hätte aus mir nichts anderes werden können als der Nachfolger meiner Mama in unserem kleinen »Glückauf-Grill« in Hervest. Das wäre natürlich auch in Ordnung gewesen, aber ich würde lügen, wenn ich nicht ein bisschen stolz darauf wäre, dass ich all das, wofür ich heute stehe, aus eigener Kraft und mit viel Durchhaltevermögen geschafft habe.

Daher habe ich mich dann schließlich doch dazu entschieden, meine kulinarische Geschichte aufzuschreiben. Vielleicht auch, weil ich damit nicht nur unterhalten, sondern – genauso wie in »Rosins Restaurants« – eine letztlich banale und doch absolut wahre Botschaft verbinden möchte: nämlich die, dass sich im Grunde jeder seinen ganz persönlichen Lebenstraum erfüllen kann. Man muss sich nur bei allem, was man tut, treu bleiben, darf sich von Rückschlägen nicht entmutigen lassen und sollte aus seinen eigenen Fehlern lernen. Dann hat man gute Chancen, dass es klappt.

Das bedeutet selbstverständlich nicht, dass die lange Reise zu einem selbst gesteckten Ziel völlig spaßbefreit sein muss. Ich habe in meinem Leben Gott sei Dank unglaublich viel gelacht, gerne und oft auch einfach über mich selbst. Manchmal aber habe ich bittere Tränen geweint. Inzwischen weiß ich, dass diese genauso dazugehören. Als ich während der Arbeit zu diesem Buch mit meinem Co-Autor Andi Hock zusammensaß und darüber nachgedacht habe, welche Ereignisse aus den letzten dreißig, vierzig Jahren sich für diese Biografie eignen, sind viele Erinnerungen wieder hochgekommen, die ich schon längst vergessen geglaubt hatte. Und manches hatte ich schlichtweg auch einfach verdrängt. Falls ich nun mit meinen Geschichten jemandem zu nahe treten sollte, tut es mir aufrichtig leid. Aber alles, was ich auf den folgenden Seiten schildere, ist genau so passiert. Ich musste in dem einen oder anderen Moment selbst staunen, was ich bislang alles schon erlebt habe.

Frank Rosin, im Frühjahr 2022

1

Fritten, Tischtennis und Hochzeitsessen – Meine nicht ganz unbeschwerte Jugend

Kleider an, rasch den Scheitel gezogen, und los geht's. Dieser Morgen war genauso gemütlich wie jeder Morgen bei uns zu Hause; einer rund hundert Quadratmeter großen Wohnung in Polsum, in der meine Schwester und ich jeweils ein kleines Zimmer besaßen, in das nicht viel mehr hineinpasste als ein Bett und ein Schreibtisch. Meine Eltern hatten unsere Bude eher funktional eingerichtet, ohne großen Schnickschnack und Gelsenkirchener Barock, aber trotzdem fühlte ich mich durchaus wohl. Andererseits war ich ohnehin fast nur zum Schlafen da. Die restliche Zeit verbrachte ich in der Schule oder dort, wo mein Vater und meine Mutter arbeiteten: in ihrem Betrieb.

Für Frühstück blieb mal wieder keine Zeit, meine Mutter drückte mir noch schnell die Stulle in die Hand, dann rannte ich los. Wie üblich war ich verdammt spät dran, und der Bus, der mich zur Schule nach Marl bringen sollte, fuhr nur ein oder zwei Mal die Stunde. Wenn ich den verpasste, gab's wieder nur unnötigen Ärger. Das musste nicht sein – die Schule und ich hatten eh keinen besonders engen Draht zueinander. Daheim herrschte dank meinem Vater auch nicht gerade rund um die Uhr pure Wohlfühlatmosphäre, weshalb ich einen Anruf vom Klassenlehrer erst recht nicht gebrauchen konnte. Zu allem Überfluss wartete am Nachmittag jede Menge Arbeit auf mich.

Die Haltestelle lag ein paar Minuten entfernt. Direkt gegenüber befand sich ein riesengroßes Feld, dahinter konnte man die Bundesstraße erkennen. Polsum war ein beschauliches Örtchen zwischen Dorsten und Marl, umgeben von Äckern, Weiden und Wald. Es gab dort eine alte Kirche, ein historisches Wasserschloss, und die Hauptattraktion des Jahres war neben dem Schützenfest der Weihnachtsmarkt, der immer am dritten Advent stattfand, nur einen einzigen Tag dauerte und ein paar Tausend Besucher aus der ganzen Region anzog. Wenn hier etwas tobte, dann war es unser Familienoberhaupt. Das Leben jedenfalls war es nicht.

Nur einen Steinwurf weiter südlich jedoch befand sich das Ruhrgebiet. Gelsenkirchen, Bottrop, Oberhausen, Essen – hier brodelten nicht nur die Kohleöfen. Hier steppte bestimmt auch der Bär. Zumindest vermutete ich das, wenn ich sehnsüchtig auf die nur wenige Kilometer entfernten Schlote sah, deren Rauch oft den Horizont verdunkelte. Oder auf die riesigen Fördertürme der Zechen, die damals noch überall in der Gegend herumstanden wie heute die Windräder. Die Kulisse wirkte auf mich spektakulär, und irgendwie fühlte ich mich magisch angezogen von diesem riesigen Gebilde aus Städten, Gruben, Fabriken und vor allem: Menschen. Für mich stand schon immer fest, dass ich ein Kind des Potts war und immer bleiben würde.

Ich beobachtete die Autos, die hinten auf der B225 vorbeirasten, und stellte mir vor, selbst in einem zu sitzen. Vielleicht würde ich mir irgendwann einen Mercedes leisten können, mit dem ich dann täglich zu meiner Arbeit fuhr. Einer Arbeit, die mich glücklich machte, ausfüllte und dafür sorgte, dass ich etwas bewegte – und damit meinte ich nicht den Wagen. Ich kann heute nicht genau sagen, warum, aber als ich an diesem einen Morgen in dem zugigen und versifften Unterstand auf meinen Bus wartete, spürte ich ein komisches Kribbeln im Bauch. Als wäre da was in mir, das niemand außer mir bemerkte. Etwas, das mich antreiben würde.

Etwas Kreatives. Das Problem war nur: Ich hatte keinen Schimmer, was das sein konnte. Und mein Vater erst recht nicht.

Er betrieb einen Großhandel für Gastronomieartikel und führte alles, was man für den Betrieb einer Kneipe, eines Speiselokals oder eines Imbisses brauchte – von der Gemüsereibe über alle möglichen Getränke bis hin zur Gulaschkanone mit zweihundert Litern Fassungsvermögen. Und ganz wichtig: Er war Generalimporteur für De Fritesspecialist, den weltgrößten Hersteller von Tiefkühlpommes mit Sitz in Holland. Es gab wahrscheinlich kaum eine Frittenbude von Wuppertal bis Münster, die ihre Ware nicht bei meinem Vater bezog. Eigentlich war der Mann gelernter Steinmetz und wäre angesichts seiner Begabung sicherlich ein guter Bildhauer geworden. Schon meine Oma als begnadete Schneiderin mit polnischen Wurzeln war schöpferisch begabt. Aber Papas Auffassung war nun mal nicht, dass der Sinn des Lebens darin bestand, seiner wie auch immer gearteten künstlerischen Ader nachzugeben. Sondern hart zu arbeiten. Genau das verlangte er auch von mir.

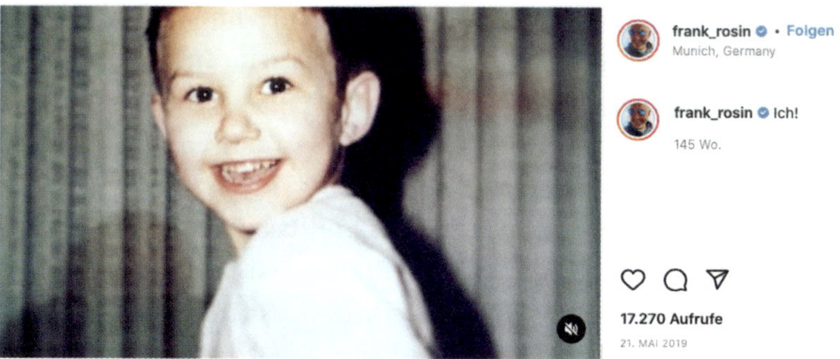

»Junge, du musst ein echter Kerl werden. Sonst wird das nix«, sagte er immer zu mir, wenn er mich für unsere Firma einspannte. Und das passierte sehr häufig und vor allem: sehr früh. Ich bin mir sicher, dass ich mit elf oder zwölf Jahren schon mehr Frittierfett bewegt hatte als jeder Filialleiter von McDonald's in seiner gesamten Karriere. Wir besaßen nicht mal einen Gabelstapler, und es grenzte an ein Wunder, dass mein armer Rücken der ganzen Schlepperei standgehalten hat. Jeden Tag, nachdem ich von der Schule nach Hause gekommen war, musste ich erst mal mithelfen, die vielen Kisten, Pakete und Kartons abzuladen und in unserem Kühlhaus und im Lager zu verstauen. Ordnung war meinem Vater wichtig. Bei uns sah es immer aus wie geleckt. Bis auf das eine Mal, als ich beim Rangieren mit einem unserer Lieferwagen blöderweise das falsche Pedal erwischte.

Ich hasste es zwar, wenn ich mal wieder zum wöchentlichen Autoputzen abgeordnet worden war. Aber zumindest durfte ich zu diesem Zweck die Lkw aus der Fahrzeughalle raus- und nach meiner zärtlichen Spezialhandwäsche wieder hineinrangieren, was mir ausnahmsweise sogar halbwegs Spaß machte: Welches andere Kind hatte die Möglichkeit, einen echten Zwölftonner zu bewegen? Nach all der Zeit war ich schon ein geübter Fahrer. Wäre ich nicht altersbedingt noch etwas klein gewesen und dadurch hinterm Steuer sicherlich bereits kurz hinterm Schermbecker Wasserschloss der allerersten Polizeistreife aufgefallen, hätte ich es mir, ohne mit der Wimper zu zucken, zugetraut, höchstpersönlich nach Venlo in die Niederlande zu fahren, um dort die nächste Fuhre Pommes abzuholen.

Nur an diesem bescheuerten Nachmittag verwechselte ich auf unserem Firmengelände Gas und Bremse – und schoss kerzengerade in die gut hundertfünfzig Bierkisten, die ich gerade erst säuberlich über- und nebeneinandergestapelt hatte. Es krachte, schepperte und splitterte, dann war Ruhe. Ich kletterte etwas benommen aus dem Führerhaus. Nach einer ersten Inaugenscheinnahme hatten der Laster und ich den Unfall mit ein paar kleinen Schrammen überstanden. Nur das Bier war bis auf eine Handvoll

Flaschen leider nicht mehr zu retten. Auf dem Boden lag ein Scherbenmeer in einem schaumigen Pils-See, und obwohl ich sofort alles vorsichtig aufsammelte und danach putzte wie der Teufel, riecht es dort wahrscheinlich heute noch wie im Sudhaus einer Großbrauerei. Mein Vater ist vor Wut fast geplatzt. Aber in solchen Dingen ließ er am Ende des Tages meistens doch Gnade walten: Er wusste insgeheim, dass er sich nicht auch noch über meine höchst illegale Kinderarbeit beschweren konnte, die jedem halbwegs gewissenhaften Gewerkschaftsfunktionär vermutlich einen mittelschweren Herzinfarkt beschert hätte, wenn sie rausgekommen wäre. Trotzdem war der Anschiss so groß, dass ich mich erst mal nicht mehr ans Steuer setzte.

Weniger nachsichtig war er, was meine Hobbys betraf. Ein Stück weit hatte ich für seine Ansichten sogar Verständnis, denn mit seinem durchaus gut laufenden, kleinen Unternehmen sicherte er unserer Familie eine halbwegs sorgenfreie Existenz – fürs Erste jedenfalls, was uns noch blühen sollte, wussten wir da natürlich nicht. Unser Vater war während des Krieges geboren worden und in einem kaputten Land aufgewachsen. Deshalb blieb in seiner Welt vermutlich kein Platz für Träumereien, wie sie ein Teenager wie ich in den späten Siebziger- und frühen Achtzigerjahren hatte. Es war eine Zeit, in der man eigentlich auf Bonanzarädern durch die Gegend cruisen, im Café Flipper spielen und zu Hause Loopings von Carrerabahnen aufbauen sollte – und nicht wie ich tonnenweise Leergut sortieren oder den ganzen Dreck des Ruhrschnellwegs von einem Kühllaster schrubben.

Meine ältere Schwester Petra genoss mehr Freiheiten, was aber vor allem daran lag, dass sie als Mädchen logischerweise nicht genauso für Papa schuften konnte wie ich. Trotzdem suchte ich mir meine kleinen Fluchtpunkte: Wann immer sich die Gelegenheit ergab, haute ich ab, um Tischtennis zu spielen. Ein paar Freunde von mir waren im örtlichen Sportverein und nahmen mich irgendwann mit. Obwohl mir den Umgang mit der Pfanne niemand so richtig zeigte und ich mir alle Schläge und Bewegungen selber beibrachte, war ich richtig fit an der Platte und schaffte es mit zarten vierzehn zu den gestandenen Herren in die erste Mannschaft. Das machte mich stolz und hat mich sehr motiviert.

»Das ist doch totaler Quatsch mit diesem albernen Pingpong«, grantelte mein Vater, wenn ich wieder für irgendwelche Frondienste auszufallen drohte, weil ich mit meinen Kumpels ein Turnier spielen wollte.

»Willi, lass doch den Jungen mal ein bisschen abschalten«, versuchte meine Mutter immer zwischen uns zu vermitteln, wenn wir darüber stritten, ob ich am Wochenende ausnahmsweise bei den Bezirksmeisterschaften spielen durfte oder doch wieder mit ihm auf Tour gehen musste. Das machte ich längst regelmäßig, wodurch ich inzwischen Hunderte verschiedenster Gastwirtschaften zwischen Nordhessen und Südniedersachsen kennengelernt hatte. Von der hinterletzten Ranzbude bis zum geschniegelten Feinschmeckertempel war da alles dabei. Ich fand die Einblicke, die ich dadurch in die Branche bekam, spannend. Trotzdem wäre es zwischendurch eine nette Abwechslung gewesen, etwas Eigenes zu unternehmen – und neben der Tischtennis- zum Beispiel meine Karriere als weltberühmter Star-Gitarrist voranzutreiben, von der ich mir einbildete, dass sie gerade Fahrt aufnahm.

Zu Weihnachten hatte ich mir eine E-Gitarre gewünscht und erstaunlicherweise auch von meinen Eltern bekommen – wahrscheinlich, weil meine Mutter meinen Vater dazu überredet hatte. Gitarrenunterricht aber war leider nicht im Geschenk inbegriffen. Wenn abends das ganze Fett in den Regalen verstaut, die Pommes im Kühlhaus untergebracht und die Laster poliert waren und ich mich den allernötigsten Hausaufgaben gewidmet hatte, übte ich ein paar Riffs und die richtige Pose. Einige meiner allesamt volljährigen Vereinskameraden hatten eine eigene Band gegründet und nahmen mich hin und wieder zu den Proben mit. Ich versuchte mir möglichst viel von den Jungs abzuschauen und anschließend zu Hause nachzuspielen. Offenbar besaß ich mehr als einen Funken Talent, denn nach kurzer Zeit schaffte ich einige Akkorde, die halbwegs nach Led Zeppelin oder Deep Purple klangen. Zumindest in dieser Hinsicht lagen mein Vater und ich auf einer Wellenlänge, denn auch er liebte die Musik und hörte mit mir immer Sachen wie Genesis oder melancholischen Jazz, George Benson etwa oder Jean-Luc Ponty. Allerdings beschränkte sich seine Vorliebe tatsächlich aufs reine Zuhören. Warum man selber Musik machen sollte, erschloss sich ihm nicht. Das kostete schließlich viel zu viel wertvolle Zeit, die man doch auch prima mit Arbeit zubringen konnte.

Ich aber bekam meine Chance, der neue Jimi Hendrix zu werden, als in der Band meines Tischtennisvereins von jetzt auf gleich der Gitarrist hinschmiss. Wie das bei großen und kleinen Rock 'n' Rollern eben so ist, hatte er sich wohl ordentlich mit den anderen gefetzt, machte einfach die Biege und kam danach nicht wieder. Am nächsten Abend war jedoch ein Auftritt in einem örtlichen Club geplant, der ohne Lead-Gitarre natürlich nicht stattfinden konnte.

»Frank, kannst du vielleicht einspringen?«, fragte mich einer der anderen Musiker, und die Unsicherheit war ihm anzumerken. Der hatte mich schließlich noch nie spielen gehört.

»Klar«, sagte ich, »ich kann das.«

Und was soll ich sagen? Ich konnte es wirklich. Durch die monatelangen »Trockenübungen« in meinem Zimmer war ich in der Lage, den Gig so durchzuziehen, dass niemand einen Unterschied bemerkte. Von da an war ich offizielles Bandmitglied. Wir tingelten durch die Gegend und hatten mal fünfzig, mal zweihundert Zuschauer. Das ging eine ganze Weile so und machte jede Menge Bock, aber mein altes Problem setzte meiner Laufbahn als künftiger Gitarrengott dann doch ein jähes Ende: Ich hatte einfach keine Zeit, weil ich zu sehr im Betrieb eingespannt wurde. Schon zum Tischtennistraining zu gehen war jedes Mal ein zäher Kampf, denn mein Vater betrachtete mich mehr oder weniger als Vollzeitkraft – mit dem kleinen Unterschied, dass ich keinen Urlaubsanspruch besaß und auch keinen Lohn bekam, weil ich zur Familie gehörte. Auch er ackerte hart, aber er nahm sich zwischendurch immer mal wieder die Freiheit heraus, mit dem Nachbarn im Getränkemarkt nebenan einen zwitschern zu gehen. Das konnte ich selbstverständlich nicht bringen. Mir hätte es allerdings schon gereicht, beständig zu den Proben marschieren zu dürfen und ein oder zwei Mal pro Monat am Wochenende aufzutreten. Aber auch das war nicht drin, weshalb ich bald wieder draußen war.

Witzigerweise hat mich die Musik dennoch nie losgelassen: »Music was my first love«, sage ich mit John Miles immer – und deswegen mache ich nicht nur hobbymäßig immer mal wieder Musik, sondern betätige mich schon ziemlich lange als Produzent. Das betreibe ich ernsthaft und professionell, aber trotzdem nur aus reinem Spaß an der Freude und sicher nicht zum Geldverdienen. Mit Jaxon Bellina habe ich in der Vergangenheit ein Doppelalbum aufgenommen und mit einer Menge wirklich bekannter Leute aus dem Business zusammengearbeitet, aber das ist eine andere Geschichte.

Damals jedenfalls hatte mein Dasein als Gitarrist einer ambitionierten Schülerband keine Zukunft. Und weil es aus dem Geschäft meines Vaters kein Entrinnen zu geben schien, arrangierte ich mich nach und nach mit der Situation und machte das Beste draus. Ich musste ja auch zugeben, dass der aus Vater und Sohn Rosin bestehende Außendienst samt persönlicher Kundenbetreuung seine guten Seiten hatte. Meistens am Samstag tingelten wir durch die Lande und klapperten der Reihe nach sämtliche Lokale ab, die wir unter der Woche belieferten. Wir erkundigten uns bei den Besitzern danach, was benötigt wurde, nahmen Bestellungen auf oder stellten Neuheiten vor. Und jedes Mal, wenn wir durch den Eingang in einen vollbesetzten Gastraum gingen, pochte mein Herz. Es war seltsam, aber obwohl ich erst dreizehn oder vierzehn gewesen bin, fühlte ich mich in dieser Szenerie unter all den Erwachsenen absolut wohl.

Später, als ich schon viele Jahre mein eigenes Lokal führte, habe ich lange darüber nachgedacht, was genau mich damals so faszinierte. Wahrscheinlich war es eine Mischung aus allem: der sprichwörtlich dicken Luft aus Rauch, Schweiß und Essensgerüchen, die jedem einzelnen Restaurant eine ganz eigene Geruchsnote verpasste; dem Geräuschpegel, wenn sich Dutzende Menschen an engen Tischen miteinander unterhielten, lachten, Skat spielten oder stritten; der aufgeladenen Atmosphäre in der stickigen Küche, in der sich nicht selten zwölf Mitarbeiter oder mehr gegenseitig auf den Füßen standen und doch mehr oder weniger koordiniert ihre jeweilige Aufgabe erledigten. Und vor allem begeisterte mich der unantastbare Status des Wirts hinter der Theke, der wie ein Kapitän am Steuerrad an seinem Zapfhahn stand und über die vor ihm liegende raue See wachte.

So anstrengend und manchmal auch frustrierend die ganze Schinderei in unserer Firma war: In diesen Jahren wurde der Grundstein für mein gesamtes späteres Leben gelegt. Niemals hätte ich mich für eine Laufbahn als Koch und später als Restaurantbesitzer und Unternehmer entschieden, wenn ich nicht diese frühen und intensiven Einblicke in die Gastronomie bekommen hätte. Sowohl Einblicke, die mich mächtig beeindruckten, als auch solche, die mich total abschreckten. Ich sah Küchen, die so picobello waren, dass man selbst ein hinter die Spülmaschine gefallenes Schnitzel noch hätte servieren können – und andere, in denen ich nicht für viel Geld auch nur einen einzigen Löffel Suppe versuchen wollte. Ich lernte Wirte kennen, die selbst im größten Chaos noch den Überblick behielten und für ihre Stammgäste viel mehr waren als ein schnöder Dienstleister, nämlich Freund, Beichtvater, Grundversorger und Psychologe. Und andere, die selbst ihr bester Kunde waren und sich und den gesamten Betrieb unaufhaltsam in den Ruin soffen.

In der Schule lief es derweil mehr schlecht als recht. Ständig spürte ich das Gefühl, dass mir das, was ich dort lernte, hinten und vorne nicht reichte. Nicht weil ich intellektuell unterfordert gewesen wäre – ich war weiß Gott kein guter Schüler. Sondern weil das, was dort passierte, mit meinem wirklichen Leben, wie es nach dem Ende der sechsten Stunde begann, im Prinzip rein gar nichts zu tun hatte. Ich konnte mich nicht an den Unterricht anpassen und der Unterricht sich erst recht nicht an mich. Da traf es sich gut, dass wir öfter in der »Waldschenke« von Onkel Gerd einkehrten.

Sie lag nur etwa zehn Autominuten von uns entfernt in Gelsenkirchen-Resse, einem Viertel zwischen Hauptfriedhof und Schloßpark, das sich vom Rest der Stadt dadurch unterschied, dass man plötzlich gar nicht mehr merkte, in einer Bergarbeitermetropole zu sein. Resse verströmte wie Polsum fast dörflichen Charakter, mit viel Landwirtschaft drum herum, kleinen Geschäften und jeder Menge Grün entlang der schmalen Straßen. Das einzig Urbane dort war die »Alte Hütte«, die älteste Disco Gelsenkirchens. Ansonsten kamen die meisten Menschen hierher, wenn sie mal aus dem ganzen stickigen Industriemoloch raus und ein paar schöne Stunden erleben wollten. Die »Waldschenke« selbst war ein uriges zweistöckiges Häuschen mit einer schmucken Fassade, grünen Fensterläden und einem Anbau, unter dessen langem Vordach man im Sommer schattig sitzen konnte – fast wie in einem echten bayerischen Biergarten. Und sie befand sich, wie der Name schon sagte, im Wald. Man konnte sagen, dass sich ein Besuch hier für Gelsenkirchener Verhältnisse beinah wie Urlaub anfühlte.

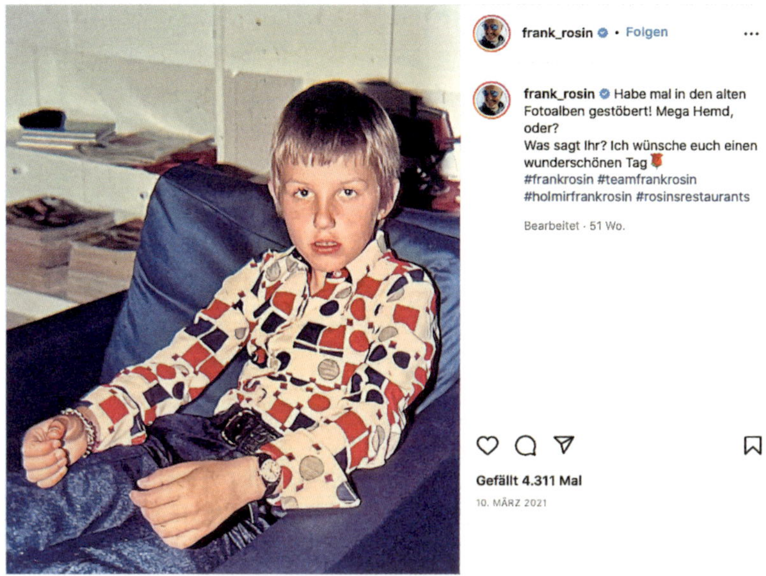

Pächter Gerd Wenke war eigentlich gar nicht mein richtiger Onkel, aber nachdem ihn meine Eltern schon ewig kannten und er uns auch zu Hause besuchte, nannten wir Kinder ihn eben so. Nebenbei war er ein guter Koch und ein noch besserer Konditor. Dadurch verpasste er seinem Laden einen Ruf als gepflegtes Ausflugslokal, in dem man gemütlich sitzen und prima essen konnte. Es war der Klassiker: Erst bot er einen Mittagstisch, dann gab's für ein paar Stunden Kaffee und Kuchen, bevor die Abendgäste auftauchten. Eine Menge Holz für den Chef, aber sicher lukrativ.

»Sag mal, Frank – willst du nicht mal bei uns aushelfen? Ich könnte momentan dringend Verstärkung gebrauchen, und für dich springt auf jeden Fall ein ordentlicher Lohn raus«, fragte er mich eines Tages, als wir mal wieder einen Familienausflug nach Resse machten. Ich musste nicht lange überlegen und sagte zu. Mir war zwar klar, dass ich künftig noch weniger Möglichkeiten haben würde, mich mit meinen Freunden zu treffen. Aber etwas Taschengeld extra konnten auf keinen Fall schaden, und außerdem interessierte es mich brennend, wie Gerd seinen Betrieb führte.

Auf der Speisekarte stand gehobene Hausmannskost der guten alten Achtziger, die damals gerade begannen: Züricher Geschnetzeltes, Cordon bleu, Rinderschmorbraten und ähnliche Gerichte, wie sie vor rund vierzig Jahren in deutschen Küchen landauf, landab angesagt waren. Das war vielleicht nicht die ganz feine Klinge, aber deutlich filigraner als das, was sonst im Pott auf den Tisch kam – wie der berüchtigte Schlabberkappes, dicke Bohnen oder Frikadellen mit Kartoffelsalat. Als ich wenige Tage später zum ersten Mal die Küche der »Waldschenke« betrat, bekam ich erst mal einen Schock. Der Raum sah aus, als hätte ihn ein farbenblinder Fliesenleger gekachelt: Vom Boden bis zur Decke war alles gelb und orange, und man wäre nicht darauf gekommen, dass es sich hierbei um die Küche eines Speiselokals handelt – vom Wohlfühlfaktor ganz zu schweigen.

Außerdem wehte mir sofort ein von den vielen Touren mit meinem Vater wohlbekannter Geruch entgegen. Es war ein Geruch, den man nie vergaß, wenn man ihn einmal in der Nase hatte. Das Parfüm der Gastronomie, sozusagen. Obwohl es sauber war, roch es für Außenstehende hier drinnen nicht anders als in den meisten anderen Küchen, nämlich wie in einem Schlachthaus oder einer Sickergrube. Aber für mich war der typische Duft, der sich aus verschiedensten Gewürzpülverchen, stehendem Wasser und kalter Fritteuse zusammensetzte und der über die Jahre in jede einzelne Fuge hineinkroch, ein angenehmes Aroma. Es mag sich jetzt dämlich anhören, aber in diesem Augenblick wusste ich: Ich bin beruflich zu Hause!

Onkel Gerd spannte mich gleich voll ein: Ich servierte, spülte und half in der Küche bei kleineren Vorbereitungsarbeiten. Vom Kochen war ich weit entfernt, aber ich war zumindest schon mal in der Nähe eines Herds. Anscheinend stellte ich mich dabei gar nicht so dumm an, denn einige Zeit später empfahl er mich an seine Schwester Hildegard weiter, die ein paar Kilometer entfernt in Buer eine Gaststätte namens »Klosterschenke« betrieb, in der gerade noch größerer personeller Notstand herrschte als bei ihm selber. Dieses Lokal kannte ich ebenfalls gut, weil mein Vater dort ab und zu sonntags zum Frühschoppen einlief, auf dem ein etwas abgerocktes polnisches Jazzorchester aufspielte. Es gab dort noch mehr zu tun als in der »Waldschenke«, sodass ich mich entschied, nur noch bei Hilde auszuhelfen.

Auch in der »Klosterschenke« sprang ich erst mal überall dort ein, wo ich gerade benötigt wurde. Es machte mir nichts aus, Tische zu wischen oder leere Gläser abzuräumen, im Gegenteil: Die quirlige Atmosphäre, die auch in diesem Gasthaus herrschte, trieb mich förmlich an. Außerdem verdiente ich zusätzlich zu meinem Stundenlohn ein stattliches Trinkgeld. Das konnte nichts schaden, denn mein Vater war leider ein Mensch von dem Schlag, der einem ein altes Fahrrad schenkte, obwohl er eigentlich ein neues Mofa versprochen hatte.

Pächterin Hildegard war groß, kräftig und herzlich – kurzum, eine tolle Frau und vor allem: eine Wirtin, wie sie im Buche steht. So, wie sie mit Gästen und Personal umging, glaubte ich, dass nichts sie erschüttern konnte. Aber ich sollte mich täuschen. Als ich einmal meinen sonntäglichen Aushilfsdienst antreten wollte, empfing sie mich mit vollkommen verheulten Augen und zitternder Stimme.

»Mein Koch kann nicht«, flüsterte sie. »Und gleich kommt eine Hochzeitsgesellschaft mit zwanzig Gästen.«

»Scheiße«, antwortete ich. »Und jetzt?«

»Nix jetzt. Muss ich denen absagen. Am schönsten Tag ihres Lebens fällt die Feier aus. Das ist eine Vollkatastrophe. Ich bin erledigt.«

Das war in der Tat eine ziemlich aussichtslose Situation, denn ohne Koch kein Hochzeitsessen – zumindest keins, das über belegte Brötchen hinausging, und Lieferando gab's damals noch nicht.

»Von wegen erledigt«, sagte ich plötzlich entschlossen. »Ich mach das.«

»Du?«, fragte sie und schaute mich ungläubig mit ihren großen Augen an.

»Klar. Wer sonst?«

Und dann marschierte ich in die Küche.

Mein Vater brachte mir einst einen Leitspruch bei, den ich mein gesamtes Leben nicht vergessen würde – und der mir in diesem Moment ziemlich weiterhalf, weil ich ihn immer beherzigt hatte, seit ich ihn das erste Mal von ihm hörte: »Du musst einfach mit den Augen und den Ohren klauen, mein Junge!«, pflegte er immer zu sagen, wenn ich wissen wollte, wie bestimmte Dinge funktionierten. Ich saugte das, was ich über meinen Vater oder bei Onkel Gerd an gastronomischem Know-how mitbekam, auf wie ein trockener Schwamm – so wie zuvor auch die Schläge beim Tischtennis oder die Akkorde auf der Gitarre. Ich merkte mir, wenn ich sah, wie jemand ein Stück Fleisch parierte. Ich prägte mir ein, in welcher Reihenfolge man eine der zwei oder drei gängigen Grundsoßen ansetzte. Und ich wusste, wo in einer gewöhnlichen Küche Teller, Töpfe und Pfannen verstaut waren. Die verschiedenen Arbeitsgänge speicherte ich auf meiner persönlichen Festplatte ab. Dort lagen sie nun bereit, um sie im richtigen Moment abzurufen. Und der war jetzt gekommen.

Natürlich hätte ich der ahnungslosen Hochzeitsgesellschaft kein fünfgängiges Gala-Menü zaubern können. Aber es heirateten an diesem Tag in der »Klosterschenke« zum Glück nicht Prinzessin Diana und Prinz Charles, sondern eine normale Gelsenkirchener Mittelstandsfamilie. Und die wünschte sich zu meinem

Glück nicht irgendeinen ausgefallenen Schnickschnack, sondern das weithin berühmte Geschnetzelte mit Pilzen und Kroketten, dessen Zubereitung ich schon Dutzende Male beobachten konnte.

Unter den staunenden Blicken von Hildegard, die sich noch immer die Tränen aus den Augen wischte, legte ich los wie die Feuerwehr. Ich schnitt fünf oder sechs große Zwiebeln klein, würfelte im Akkord drei Kilo Kalbfleisch, haute alles in einen riesigen Topf und briet es mit ordentlich Butter an. Nach ein paar Minuten gab ich die Champignons dazu, löschte mit Wein ab, sparte nicht mit Sahne, schmeckte mit Salz und Pfeffer ab und ließ es köcheln. Danach machte ich mich an die Kroketten, bei denen die Chefin stets Wert darauf legte, dass sie nicht vom mir wohlbekannten holländischen Tiefkühlgiganten stammten, sondern selbst gemacht wurden. Also schälte, kochte und stampfte ich jede Menge Kartoffeln, mischte Kartoffelmehl und Eier hinein, formte im Akkord gut und gerne hundertzwanzig möglichst gleich aussehende Exemplare und warf die Dinger in die Fritteuse. Es war, als befände ich mich in einem Tunnel.

Als ich nach einer guten Stunde die zwanzig Teller anrichtete und die obligatorische Petersilie drüberstreute, wunderte ich mich selbst, dass das so reibungslos funktioniert hatte. Ich meine, ich war fünfzehn oder sechzehn, stand mutterseelenallein in einer Profiküche und war verantwortlich für das, was gleich an die Tische gehen sollte. Von draußen hörte ich, wie die Gäste lachten, anstießen und der Brautvater eine Rede hielt. Diese Leute konnte ich doch nicht enttäuschen, auch wenn es eigentlich nicht meine Aufgabe war, ihnen ihr Hochzeitsessen zuzubereiten – schließlich war ich nur hierhergekommen, um ein bisschen auszuhelfen.

Nachdem Hilde die Speisen serviert hatte, guckte ich durch den schmalen Schlitz zwischen Küchentür und Wand in den Gastraum. Ich sah, wie sich Männer im dunklen Anzug und Frauen im schicken Kleid über das hermachten, was ich gerade gekocht hatte. Was man von hier aus beurteilen konnte, sahen sie sehr zufrieden aus. Ich lehnte mich an den Ofen, atmete tief durch und war glücklich. Wobei – nur »glücklich« traf es nicht. Durch meinen ganzen Körper strömte ein Glücksgefühl, das ich so vorher noch nicht gespürt hatte. Es war nicht nur, weil der Stress gerade von mir abfiel. Sondern weil ich mich irgendwie dafür zuständig fühlte, dass diese Gäste eine gute Zeit erlebten. Darauf hatten sie sich ja auch verlassen.

Das ist auch das, was mich noch immer am meisten ärgert, wenn ich für »Rosins Restaurants« im Einsatz bin: wenn man das Vertrauen enttäuscht, das jeder einem entgegenbringt, der ein Lokal betritt und darin etwas bestellt. Das Wort »Gastronom« stammt aus dem Griechischen und bedeutet sinngemäß »Lehre von der Pflege des Bauches«. Das klingt etwas blumig, aber es beschreibt sehr gut, worauf es ankommt: Man muss seine Gäste pflegen und für sie sorgen. Wenn ich zu jemandem gerufen werde, der vielleicht küchenhandwerklich nicht ganz so geschickt herumfuhrwerkt wie Paul Bocuse, weil er eigentlich gelernter Trockenbauer ist, oder der nach all den Jahren den Blick dafür verloren hat, dass Plastikblumen auf einer klein karierten Papiertischdecke einfach scheiße aussehen – geschenkt. Das bekommt man meistens hin. Aber wenn einer kein Herzblut hat und ihm die Menschen, die er bewirtet, offensichtlich egal sind, dann werde ich richtig sauer.

Ich finde nämlich, dass Essen eine sehr intime Angelegenheit ist. Fast so wie Sex. Wir nehmen unsere Nahrung in unseren Körper auf, um weiterzuexistieren, hoffentlich gesund zu bleiben und im Idealfall einen genussvollen Moment zu erleben. Wer damit fahrlässig umgeht, weil er etwa das Fleisch vergammeln lässt, seinen Kühlschrank seit sechs Jahren nicht mehr sauber gemacht hat oder nur billigste Industrieprodukte zusammenrührt, die mit Mutter Natur rein gar nichts mehr gemein haben außer vielleicht dem Bild eines fiktiven Gemüsekorbs auf der Packung, der betreibt in meinen Augen nichts anderes als Körperverletzung an seinen Gästen.

Dabei kommt es überhaupt nicht darauf an, möglichst hochwertig zu kochen. Klar ist ein Filetsteak vom Wagyu-Rind aus zertifizierter Öko-Haltung, von dem das Kilo hundert Euro aufwärts kostet, eine feine Sache. Aber selbst eine Bockwurst mit Kartoffelsalat kann liebevoll zubereitet werden, wenn man statt einer Discounter-Wurst aus Fleischabfällen anständige Zutaten verwendet und den Salat selber macht und eben nicht nur vom Großmarkteimer auf den Teller schaufelt. Wem das Bewusstsein fehlt, dass der Beruf als Gastronom nicht darin besteht, billigen Fraß teuer zu verkaufen und am Abend das Bargeld in der Kasse zu zählen, sondern in einer hohen Verantwortung für das Wohlbefinden seiner Gäste, dem kann ich nicht helfen. Und ich mag es auch nicht. Der soll lieber umschulen, auf was auch immer – jedenfalls auf etwas, was nichts mit Nahrungsmitteln zu tun hat.

Verhältnismäßig früh entwickelte ich dagegen eine gewisse Wertschätzung für alle Arten von Lebensmitteln. In unserer Familie hatte es sich eingebürgert, dass ich für das gemeinsame Wochenendfrühstück zuständig war. So konnte mein Vater nach seinem Freitagsstammtisch noch ein bisschen länger liegen bleiben und meine Mutter und meine Schwester sich in aller Ruhe zurechtmachen. Unter der Woche gab's, wenn überhaupt, höchstens eine schnelle Stulle mit Butter und eine Tasse Kakao oder Filterkaffee. Aber samstags sollte es etwas Besonderes sein – fand ich zumindest. Also fuhr ich kurz nach Ladenöffnung mit dem Fahrrad zu Herrn Feldmann, einem Kaufmann wie aus dem Bilderbuch. Sein Supermarkt war eine Institution in Polsum und schon damals ein Musterbeispiel, wie man Obst, Gemüse oder andere frische Produkte appetitlich präsentierte. Ich freute mich immer fast wie auf Weihnachten, wenn ich wieder im örtlichen Schlaraffenland aussuchen konnte, was es diesmal bei uns geben würde.

Aufgrund meiner ständigen Besuche durfte ich bei Rewe Feldmann anschreiben lassen. Das konnte zu etwas, nun ja, ausufernden Einkäufen führen, weil ich einfach alles in den Korb legte, was mir gefiel. Kiwis, Melonen oder frische Erdbeeren, Käse, Aufschnitt, rohen und gekochten Schinken, Quark und Frischkäse – ich shoppte, als wäre ich für die nächste Hochzeitsgesellschaft in der »Klosterschenke« im Einsatz und nicht für Familie Rosin. Wenn mein Vater die monatlichen Abrechnungen sah, geriet er manchmal ein wenig aus der Fassung. »Spinnst du? Hast du für halb Polsum eingekauft, oder was?«, rief er dann nach Begutachtung von Feldmanns Liste. Da aber auch er gerne nach einer Woche voller Maloche aus drei verschiedenen Marmeladen auswählte oder einen frisch gepressten Orangensaft trank, ließ er mich meistens zähneknirschend gewähren und bezahlte den Zettel.

Nachdem ich zu Hause angekommen war, richtete ich jedes Mal alles akribisch her. Ich dekorierte den Tisch, drapierte die vielen Zutaten auf verschiedenen Tellern und Platten, bereitete Rühr- und Spiegeleier zu und freute mich, wenn es mehr nach Waldorf Astoria aussah als nach unserem Esszimmer. Mir war es einfach wichtig, dass es schön aussah. Denn nachdem bei uns unter der Woche stets eine eher ambivalente Laune herrschte, wollte ich durch das opulente Frühstück eine positive Grundstimmung für das Wochenende erzeugen, was mir meistens auch gelang. Ich war schon zu diesem Zeitpunkt gewissermaßen ein Hobby-Gastronom, ohne es freilich zu wissen.

Nach der gelungenen Hochzeitsrettung hatte ich bei Hildegard einen Stein im Brett. Ab diesem Moment ließ sie mich in der »Klosterschenke« immer öfter auch in der Küche ran, und ich fühlte mich bald nicht mehr als kleine Aushilfe, sondern als vollwertiges Mitglied des Teams. Allerdings eckte ich mit meiner Art immer wieder an. Auch durch die strenge Erziehung meines Vaters und die penible Grundordnung, die bei uns in der Firma immer herrschen musste, besaß ich einen gewissen Blick fürs große Ganze. Wenn ich in den Gastraum sah und bemerkte, dass eine Tischdecke nicht ordentlich gebügelt war, schnappte ich mir das Ding und versuchte, die Falte rauszubekommen. Die Gläser im Regal hinter dem Tresen mussten meiner Meinung nach akkurat in einer Reihe stehen, mit dem Brauerei-Logo nach vorn. Und wenn ich einen verstaubten Lampenschirm lokalisierte, staubte ich den halt ab.

»Kümmere dich doch um deinen Kram«, hieß es oft, wenn ich irgendetwas entdeckte, das in meinen Augen so nicht bleiben konnte. Ich fand aber, dass das sehr wohl auch mein Kram war, solange ich hier arbeitete. Das sah nicht jeder so. Ich wunderte mich, warum die gute Hildegard keinen Ablaufplan ausarbeitete, in dem schwarz auf weiß stand, was jeder zu tun und zu lassen hatte. Stattdessen wurschtelten alle vor sich hin und schoben die Verantwortung weiter. Das konnte ich nicht haben. Stattdessen schwor ich mir, eines fernen Tages, wenn ich jemals einen eigenen Betrieb führen sollte, einen solchen Plan zu erstellen. Einen Plan, in dem genauestens geregelt war, wer wann das Besteck polierte, die Gläser postierte, die Fenster putzte oder den Teppich vor dem Eingang absaugte, damit die Gäste nicht den ganzen Straßenschmutz in die Gaststube eintrugen. Auch ein Jumbo-Pilot mit fünfundzwanzig Jahren Berufserfahrung geht schließlich vor jedem Abflug seine Checkliste durch – obwohl er genau weiß, wie man eine Boeing 747 fliegt.

Mir wurde nach und nach klar: Wer in diesem Metier dauerhaft Erfolg haben wollte, musste systematisch vorgehen, und ich würde das auf alle Fälle tun. Denn mein Entschluss, diesen Beruf von der Pike auf zu lernen, stand endgültig fest. Auch deswegen, weil mir die Schule immer mehr ein Graus geworden war. Ich zählte die Tage förmlich herunter, bis ich nach neun mühsamen Jahren endlich meinen Abschluss in der Tasche hatte und den Schulhof in Marl ein letztes Mal überquerte. Es war eine Befreiung, die Schule im wahrsten Sinne des Wortes hinter mir zu lassen. Klar haben Schüler heute oft einen größeren Leistungsdruck als wir damals, und von Herausforderungen wie Homeschooling oder Cyber-Mobbing waren wir Gott sei Dank noch vierzig Jahre entfernt. Dafür gab's eben in der großen Pause einen auf die Zwölf, wenn man bei dem ein oder anderen Oberstufen-Rowdy nicht schnell genug wegschaute. Und verständnisvolle Lehrer, denen man mal seine vielfältigen Probleme anvertrauen konnte und die einem Hilfestellung gaben, waren rar gesät. Es herrschte ein Klima des angstvollen Respekts und der Einschüchterung. Der Gedanke, nun noch mal jahrelang eine weiterführende Schule zu besuchen, bloß um das Abitur zu machen und später Klimbimwissenschaft zu studieren, erschien mir abwegig. Nicht dass ich falsch verstanden werde: Ich habe große Achtung vor Menschen, die sich in Forschung und Lehre stürzen und an der Uni mit vielfältigsten Fachgebieten auseinandersetzen. Aber ich wollte damals endlich was schaffen.

Diese Einstellung wurde dadurch verstärkt, dass wir in der letzten Zeit einige finanzielle Probleme bekamen. Mein Vater hatte fatalerweise einem engen Mitarbeiter vertraut, der – wie sich viel zu spät herausstellte – in die eigene Tasche gewirtschaftet und viele unserer Kunden um eine Menge Geld betrogen hatte. So kam es, dass er für den Schaden geradestehen musste und schlussendlich nach all den florierenden Jahren in die Pleite schlitterte. Sein Großhandel und die Generalvertretung waren von einem Tag auf den anderen Geschichte, und damit auch unsere gemeinsamen Fahrten durch die Gastro-Landschaft Westdeutschlands. Das bedeutete einerseits, dass die Konflikte zu Hause nun noch größer wurden. Und andererseits, dass ich jetzt statt meinem Vater eben meiner Mutter helfen musste.

Die hatte zum Glück kurz vor dem wirtschaftlichen Totalschaden, der auch zur Zwangsversteigerung aller noch brauchbaren Utensilien und Fahrzeuge führte, ihre erste kleine Pommesbude inmitten der Dorstener Zechensiedlung im Ortsteil Hervest eröffnet, um ein eigenes wirtschaftliches Standbein zu besitzen – den »Glückauf-Grill«. Ein genialer Name, wie ich fand, der aber schlicht von der Postadresse stammte: Sie befand sich in der Glück-Auf-Straße 87 – ausgerechnet dort, wo früher die alte Leichenhalle des Viertels war. Eigentlich hieß die Siedlung »Fürst Leopold«, benannt nach der Zeche, die hier seit 1913 Kohle zutage förderte, und gebaut für die mehr als tausend Arbeiter, die hier schufteten, und ihre Familien.

Meine Eltern hatten sich in den vergangenen Jahren immer weniger zu sagen, und es zeichnete sich ab, dass sie wahrscheinlich nicht mehr zusammen Goldene Hochzeit feiern würden. Der Entschluss, sich selbstständig zu machen, erwies sich für Mama daher im Nachhinein als absolut richtig – zumal sie das Geschäft auf ihren Namen eingetragen hatte und der »Glückauf-Grill« nicht von der Insolvenz betroffen war. Für mich bedeutete dies aber, dass ich nun im Prinzip in jeder freien Minute im neuen Imbiss aushelfen musste. Sie konnte sich anfangs natürlich kein Personal leisten, und wenn sie ein Mettbrötchen für eine Mark fünfzig verkaufte, wovon mehr als zwei Drittel für Pacht, Strom und Wareneinsatz draufgingen, konnte man sich selbst als Mathe-Legastheniker ausrechnen, dass es jeder Menge Arbeit bedurfte, bis man damit ein halbwegs solides Einkommen erzielte.

Selbst meine Mutter mit ihrem unermüdlichen Fleiß stieß an ihre Grenzen, wenn an dem winzigen gelben Kioskhäuschen mit seiner kleinen Eingangstür, den Glaskacheln links daneben, dem großen Seiten- und dem kleineren Frontfenster wieder Umbauarbeiten anstanden. Oder wenn noch Großeinkäufe für den nächsten Tag erledigt werden mussten und sie nach vierzehn Stunden oder mehr auf den Beinen einfach die Kraft verließ. Es war ein knüppelhartes Geschäft, aber wir hatten alle zusammen keine

Wahl: Wir mussten die Arschbacken zusammenkneifen und uns einschränken.

Für die Familieneinnahmen sorgten in den Anfangszeiten vor allem die drei Geldspielautomaten, die an der Wand gegenüber der Theke hingen und bei denen jedes Spiel zwei Groschen kostete. Es gab kaum eine Minute, an denen nicht jemand an den Dingern hing und daddelte. Einmal die Woche war Zahltag, dann kam der Mann von der Aufstellerfirma und leerte die Geräte aus. Und wir bekamen einen Anteil und sicherten so fürs Erste unsere Existenz.

Nach und nach lief dann allerdings auch der »Glückauf-Grill« selbst immer besser. Es sprach sich schnell in Hervest herum, dass es bei Frau Rosin nicht nur knusprige Pommes, kaltes Bier und leckere Schnitzel gab, sondern dass die Chefin immer auch für ein nettes Schwätzchen zu haben war. Die meisten Menschen hier arbeiteten sehr hart, und Freizeit bedeutete allenfalls, am Samstagnachmittag dem FC Schalke, Borussia Dortmund, dem MSV Duisburg, Rot-Weiß Essen oder dem VfL Bochum zuzuschauen oder zumindest im Radio deren Partien zu verfolgen und sich dabei ein paar Pils hinter die Binde zu kippen. Damals gehörten die Zechen noch zum Rückgrat der deutschen Wirtschaft und Männer im Blaumann mit sprichwörtlich kohlschwarzen Gesichtern und Sicherheitshelm auf dem Kopf zum alltäglichen Erscheinungsbild, an das ich mich gut erinnern kann. Man kann es sich gar nicht mehr vorstellen, aber Anfang der Achtzigerjahre mussten für »Fürst Leopold« neue Wohnungen gebaut werden, weil der Platz für die vielen neuen Beschäftigten plötzlich nicht mehr ausreichte. Für den »Glückauf-Grill« bedeutete dies mehr Kundschaft – und für uns noch mehr Arbeit, aber endlich auch wieder mehr Einkommen.

Meine Tante Regina half nun bei ihrer Schwester ebenfalls mit. Sie war es auch, die das Ur-Rezept für die hausgemachte Currysoße erfand, die im Lauf der Jahre zum Kult in der gesamten Gegend werden sollte und inzwischen samt unserem Grill sogar unter Denkmalschutz gestellt wurde. So klein Mamas Büdchen auch war – vielleicht zwanzig, höchstens fünfundzwanzig Quadratmeter, davon die Hälfte vor und die andere hinter dem Tresen –, so viel Seele besaß es. Meine Mutter war, ohne es zu ahnen, die perfekte Gastronomin. Sie entwickelte schnell einen engen, vertraulichen, fast schon privaten Draht zu ihren Gästen und agierte mehr wie eine ehrenamtliche Sozialarbeiterin als eine Imbissbetreiberin.

Wenn sie um Punkt elf Uhr aufsperrte und das Gitter zur Seite schob, warteten schon eine Handvoll Ungeduldiger und schütteten nicht nur den ersten Jägermeister des Tages in sich hinein, sondern gleich ihr ganzes Herz aus. Andere holten sich auf dem Heimweg von der Schicht ihr wohlverdientes Feierabendbier, bis sie irgendwann in Rente gingen und dann oft den halben Tag oder länger in der Bude standen. Wieder andere versorgten sich Tag für Tag mit Pommes-Schranke, Frikadelle oder Currywurst. Ich schwöre, dass ich Leute kannte, die sich von nichts anderem ernährten als unseren Schnellgerichten, und obwohl auch ich ein großer Fan gut gemachter Imbissküche bin, fragte ich mich ernsthaft, warum denen die Mayo nicht irgendwann aus den Ohren herauslief. Wenn diese Menschen allerdings einmal nicht auftauchten, sorgten sich alle schon, ob womöglich etwas Schlimmes passiert war. Nebenbei tröstete meine Mutter verzweifelte Männer, die ihren Job verloren hatten, und am Boden zerstörte Frauen, deren Kerl mit einer anderen durchbrannte. Sie kümmerte sich um Kinder, deren Eltern plötzlich gestorben waren, und erledigte für ältere Menschen den Behördenkram.

Ich weiß noch, wie einmal mitten in der Nacht das Telefon klingelte. Da es nicht aufhörte, stand meine Mutter auf und ging ran. »Frau Rosin, entschuldigen Sie die Störung, aber die Polizei hat mich erwischt. Ich bin im Knast und wusste nicht, wen ich sonst anrufen soll«, sagte eine zitternde Stimme am anderen Ende der Leitung. Es war Stefan, ein jugendlicher Stammgast aus schwierigen Verhältnissen, der von der Polizei beim Klauen erwischt worden war und sich nach seiner Festnahme nicht ausweisen konnte. Meine Mutter zog sich an, fuhr auf die Wache und löste Stefan aus. Sie war, das konnte man mit Fug und Recht behaupten, der Dreh- und Angelpunkt der Siedlung. Und ich war ihr Hausmeister.

In dieser Hinsicht kam ich vom Regen in die Traufe. Zwar fielen am Wochenende die Touren mit meinem Vater weg, aber stattdessen fegte ich nun zusammen mit ihm das Laub rund um die Bude, machte den Grill sauber und brachte den Müll fort. Dabei wurde das Verhältnis zu ihm immer schwieriger. Wir stritten schon heftig nur wegen meiner neuen Cowboystiefel, die ich mir gekauft hatte.

»Was haste da für hässliche Treter?«, herrschte er mich an. »So kannst du doch nicht rumlaufen. Zieh die sofort aus!«

»Einen Scheiß werd ich!«, schrie ich zurück, und wir bekamen uns richtig in die Haare. Lange ging das mit meinem Vater nicht mehr gut. Klar: Er war frustriert und gekränkt wegen seines beruflichen Scheiterns. Und dass er nun seiner Ehefrau als Hilfskraft dienen musste, kratzte nur noch mehr an seinem Stolz. Immer öfter ließ er seinen ganzen Frust an mir aus. An diesem Tag ging er bloß wegen der Stiefel auf mich los, aber ich wehrte mich mit Händen und Füßen. Durch das viele Geschleppe war ich ein muskulöser junger Mann geworden, dessen Kraft mein Vater unterschätzte. Nach ein paar Minuten war die Sache geklärt, und ich zog für die nächsten Wochen bei Oma ein.

Die Zeit im »Glückauf-Grill« gab mir weitere Substanz für meinen Lebensweg. Die Einblicke in die Betriebe der Kunden unseres Unternehmens und der »Waldschenke« von Onkel Gerd machten mich neugierig. In der »Klosterschenke« von Hildegard spürte ich zum ersten Mal, wie gut es sich anfühlt, Gäste zu bekochen und dadurch zufriedenzustellen. Und in unserer Bude in Hervest bekam ich aus nächster Nähe mit, wie man mit Herzenswärme und Empathie selbst in einem einfachen Imbiss eine angenehme und gemütliche Stimmung erzeugen konnte, wie es durch keine noch so schöne und teure Einrichtung möglich gewesen wäre. Gastronomie ist mein Ding, das war längst klar. Darum wollte ich endlich meine Ausbildung zum Koch beginnen.

2

Schläge, Schinderei und verbrannte Füße – Meine harten Lehrjahre

Ich war heiß wie eine Gusseisenpfanne mit frischen Bratkartoffeln, endlich loszulegen und auch offiziell das zu lernen, was ich mir bisher selbst beigebracht hatte. Oder wenigstens beigebracht zu haben glaubte. Durch die »Klosterschenke« war ich schon einigermaßen fit in den Küchengrundlagen wie Gemüse schneiden, Soßen ansetzen, Fleisch vorbereiten und so weiter. Und weil ich über meine Handlangertätigkeiten hinaus meiner Mutter bei der täglichen Vorbereitung ihrer kleinen Leckereien half, wusste ich auch, wie man anständige Frikadellen machte. Und das war sowieso das Allerwichtigste! Ich fühlte mich also gut präpariert. Mein großes Problem war nur: Lehrstellen waren in jenen Jahren absolute Mangelware. Ich brauchte Geduld, wenn das was werden sollte. Und viel Zeit.

Aus diesem Grund verabschiedete ich mich schweren Herzens von meiner großen Liebe, dem Tischtennissport. Und so marschierte ich eines Abends in die Bartholomäusschule in der Marler Dorfstraße, wo meine Tischtennis-Jungs dreimal pro Woche in der dortigen Turnhallte trainierten. Als ich die Tür öffnete und das typische Plopp-Geräusch der kleinen Kunststoffbälle hörte, fühlte ich einen regelrechten Schmerz. Dieser Sport hatte mir so viel gegeben. Er war in den letzten Jahren mein Ausgleich und mein Ventil gewesen. Ich war aber der festen Meinung, dass man gerade die

Dinge, die man wirklich mochte, nur richtig machen konnte – oder gar nicht. Wenn ich nun bald eine Lehre begann, hieß das vermutlich, mindestens fünf Mal pro Woche für das Training auszufallen, von den Turnieren gar nicht zu reden. Das ergab für mich keinen Sinn, so weh es mir tat. Mein Jugendwart kam auf mich zu und setzte gerade an, mich zu schimpfen.

»Mensch, Frank, wo bleibst du denn? Wir haben schon längst angefangen.«

»Trainer, ich melde mich ab«, sagte ich leise und schaute auf den Boden. »Ich muss mich jetzt um meine Ausbildung kümmern. Und dann schaffe ich das hier nicht mehr. Es tut mir echt leid.«

Der Coach wusste nicht, was er sagen sollte. Er mochte mich, was auf Gegenseitigkeit beruhte. Außerdem war ich einer seiner besten Schützlinge, der mit dafür sorgte, dass unsere erste Mannschaft weit über Marl hinaus Erfolg hatte.

»Schade, Frank«, sagte er nur. »Sehr, sehr schade. Aber ich wünsch dir Glück. Lass mal von dir hören.«

»Klar, mach ich«, versprach ich ihm, obwohl mir klar war, dass ich dieses Versprechen nicht einhalten würde. Danach ging ich nach Hause und heulte.

Jeden verdammten Abend, nachdem wir den Grill zugesperrt hatten, saß ich in meinem Zimmer und schrieb eine Bewerbung nach der anderen. Das war damals noch echte Handarbeit. Da ging nichts mit »Copy and Paste« und ab dafür per Mail. Jedes einzelne Anschreiben musste neu auf der Schreibmaschine getippt werden, was irre viel Zeit kostete und am Ende doch nur Enttäuschungen brachte, zumindest in meinem Fall. Ich war zwar hundertprozentig überzeugt davon, dass ich eine Kochlehre absolvieren wollte und auch der Richtige für den Job war. Meine Adressaten schienen allerdings nicht gerade auf den kleinen Frank aus Polsum gewartet zu haben, um ihre Restaurants endlich kulinarisch aufwerten zu können. Es war zum Verzweifeln.

Irgendwann zählte ich die Bewerbungen nicht mehr, die ich Tag für Tag zur Post trug. Es mussten inzwischen über zweihundert gewesen sein. Wenn ich viel Glück hatte, wurde ich zu einem persönlichen Gespräch eingeladen – und bekam dort eine Absage. Manchmal erhielt ich ein paar Wochen später wenigstens kommentarlos meine kostbaren Unterlagen zurück. Meistens aber erfolgte nur ein kurzer Anruf, oder es gab überhaupt keine Resonanz. Ich musste die Angelegenheit also selbst in die Hand nehmen. Darum setzte ich mich in den Zug von Dorsten nach Düsseldorf und machte mich vom Bahnhof aus zu Fuß auf den Weg ins »Parkhotel«. Dort gab es eines der besten Restaurants der Stadt, in dem regelmäßig jede Menge Promis speisten.

Der traditionsreiche Kasten, der heute zur Steigenberger-Gruppe gehört, trug die prestigeträchtige Adresse Königsallee 1a und lag direkt am Hofgarten. Mehr erstes Haus am Platz ging nicht, was man dem Gebäude auch sofort ansah. Die hohen Fenster, die gusseisernen Balkone und die goldene Eingangstür – alles hier wirkte weltstädtisch und edel. In der Auffahrt parkten dicke Schlitten, die Koffer der Gäste wurden von Pagen mit Gepäckwagen aus Messing zur Rezeption gebracht, und selbst die Schwäne im kleinen See gegenüber machten einen eleganten Eindruck. Weil ich mich nicht auskannte und gleichzeitig mit einer gesunden Portion Selbstbewusstsein ausgestattet war, suchte ich erst gar nicht den Personaleingang. Stattdessen marschierte ich direkt zum Hauptportal unterhalb des prägnanten Vordachs. Schicker Laden, dachte ich, könnte mir gefallen.

»Kann ich helfen, junger Mann?«, fragte mich der Portier, der in seiner dunklen Uniform ein bisschen aussah wie ein amerikanischer Marineoffizier, nur etwas blasierter. Vermutlich besaß er eine gute Menschenkenntnis, denn er wusste gleich, dass ich mich nicht für die nächsten Tage in die Präsidentensuite einbuchen wollte. Allerdings war das keine Kunst: Außer meinen Papieren hatte ich ja nicht mal Gepäck dabei.

»Nee, alles klar. Ich wollte mich hier nur bewerben, Meister«, antwortete ich und wollte weiter in Richtung Rezeption, als mich der livrierte Kollege am Kragen packte.

»Ich glaube, du bist hier falsch«, blaffte er mich an und drängte mich langsam, aber bestimmt wieder die Eingangstreppe hinunter.

»Aber ich muss da rein«, sagte ich und startete noch einen Versuch, mich an ihm vorbeizuschieben.

»Was ist denn hier los?«, fragte ein anderer Typ, der plötzlich aus der Halle herauskam, einen dunklen Zweireiher mit weißer Krawatte und silberfarbenem Namensschild trug und mich von oben bis unten musterte.

»Na, ich suche eine Lehrstelle als Koch und möchte mich hier mal vorstellen«, erklärte ich. Leider schien ich wenig überzeugend auf die beiden zu wirken.

»Tut mir leid, wir suchen niemanden. Bitte verlassen Sie das Gelände«, sagte der Schlipsträger, drehte sich um und ging wieder hinein.

»Haste gehört? Jetzt schau, dass du weiterkommst«, assistierte der Portier und grinste.

Das hatte hier keinen Zweck. Ich trollte mich zurück Richtung Kö und ärgerte mich über meine Naivität, einfach so in einem der besten Hotels Nordrhein-Westfalens aufzuschlagen, durch den Haupteingang zu marschieren und allen Ernstes zu glauben, man würde mir den roten Teppich ausrollen und eine Ausbildung anbieten. Trotzdem beschloss ich, jetzt erst recht nicht aufzugeben. In den nächsten Wochen half ich meiner Mutter wie gewohnt im Imbiss, tippte Abend für Abend meine Bewerbungen, holte mir ein paar Dutzend weitere Absagen ab und wartete. Und auf einmal läutete das Telefon.

»Spreche ich mit Frank Rosin?«, sagte die Stimme am anderen Ende der Leitung. »Hier ist Schmitz. Sie können bei mir anfangen.«

Es passierte tatsächlich: Ich hatte eine Zusage bekommen! Es war zwar nicht das »Parkhotel« und auch nicht der »Breidenbacher Hof« oder das »Hilton«. Aber in dem Restaurant in Marl könnte ich sicherlich auch eine ganze Menge nützlicher Dinge lernen, die mir für meine künftige Weltkarriere nutzen würden. Am 1. September 1982 trat ich dort meinen Dienst an.

Das Lokal samt angeschlossenem Hotel war in einem schmucken Fachwerkbau untergebracht und machte auf den ersten Blick einen sehr gepflegten Eindruck. Ich betrat den Gastraum und wurde von einem etwa ein Meter sechzig kleinen, dafür aber sehr bestimmt auftretenden Herrn in einem weißen Kittel und mit weißer Krawatte empfangen. Was aussah wie ein Chemieprofessor auf dem Weg zur Vorlesung, war jener Herr Schmitz, der mich ein paar Tage zuvor angerufen hatte. Er war der Besitzer des Restaurants und gleichzeitig auch der Küchenchef. Er musterte mich von oben bis unten, erklärte mir kurz, wer er war und wie es hier ablief. Mich beschlich ein komisches Gefühl. Schon während unseres allerersten Gesprächs war mir klar, dass die kommenden drei Jahre kein Zuckerschlecken werden würden.

»Hier mache ich die Ansagen und sonst niemand«, teilte mir Herr Schmitz abschließend mit, ohne wenigstens die üblichen Höflichkeitsfloskeln ausgetauscht zu haben. Ich hatte nicht erwartet, dass er mir um den Hals fiel oder mir ein Willkommensgeschenk überreichte. Aber er hätte wenigstens so tun können, als ob er sich über seinen neuen Mitarbeiter freute. Hat er aber nicht.

»So weit verstanden?«

»Klar«, antwortete ich und folgte ihm in die Küche, in der ich sofort den mir wohlvertrauten Geruch wahrnahm, wobei hier die kalte Fettnote für meinen Geschmack etwas zu sehr dominierte.

Er führte mich einmal im Kreis herum und blieb vor einer riesigen Standfritteuse stehen.

»Das hier ist unser Herzstück«, sagte er und deutete auf die tiefen Edelstahlkörbe, die oberhalb der Ölbecken hingen. »Damit kann man fast alles machen.«

»Aha«, dachte ich. Nicht dass wir daheim im »Glückauf-Grill« nicht auch die Vorzüge dieser Gartechnik zu schätzen gewusst hätten. Aber in der einigermaßen gehobenen Restaurantküche hätte ich das nicht unbedingt vermutet.

»Aber das ist für dich eh erst mal uninteressant«, sagte Herr Schmitz und schob mich weiter auf die andere Seite des Raums. »Hier ist für die nächsten Monate dein Reich. Da machen wir die kalten Speisen«, erklärte er mir fast schon feierlich. »Du kannst eigentlich gleich loslegen.«

Mit achtzehn Jahren

Und das tat ich kurz darauf auch. Ohne große Einweisung oder gar lehrlingsgerechte Anleitung sollte ich die gesamte kalte Küche des Ladens übernehmen. Das bedeutete, dass ich fortan für Matjes Hausfrauen Art, Dillhering-Stippe oder Lachsbrote verantwortlich war. Diese Gerichte zuzubereiten war selbst für einen Neuling wie mich keine Herausforderung, und ich war eher enttäuscht, dass ich von meinem Meister keine anspruchsvolleren Aufgaben gestellt bekam. Aber vielleicht kam das ja noch, wenn ich mich ein bisschen im Betrieb akklimatisiert hatte. Herr Schmitz würde sicherlich bald merken, welches kulinarische Naturtalent für ihn arbeitete. Doch ich täuschte mich gewaltig.

Das Restaurant war ein beliebtes Ausflugsziel. Vor allem am Wochenende war die Hölle los. Wir wurden von Wanderern, Radfahrern und anderen Gästen förmlich überrannt. Es gab Tage, da gingen gut und gerne vierhundert Essen raus, vorsichtig geschätzt. Da war richtig Randale in der Bude. Aus diesem Grund wurde ich nach ein paar Wochen vom kalten Posten abgezogen und ebenfalls an die Fritteusen beordert. Hier gab es einfach mehr zu tun, und nachdem der Chef uns wortreich erläutert hatte, dass man auch ein Rinderfilet im Ganzen prima im heißen Fett garen kann – selbst dann, wenn nebendran noch ein paar panierte Schollen ihre letzte Schwimmrunde drehen –, war klar, dass in diesem Lokal hierfür jede helfende Hand gebraucht wurde.

Leider stieg mit den Temperaturen in der Fritte und dem Gästeaufkommen draußen auch der Blutdruck vom alten Schmitz.

»Was ist das hier wieder für eine Scheiße?«, brüllte er quer durch die Küche, wenn seiner Meinung nach ein Salatblatt schief auf dem Teller lag oder ein Schnitzel nicht schnell genug vom Service abgerufen wurde. »Wollt ihr mich nur ärgern, oder was?«

So ging es ständig. Es wurde geschrien und geschimpft und gedroht. Mal schmiss er uns alle raus, dann waren wir verantwortlich für seinen unmittelbar bevorstehenden Ruin, und wenn er mal lobte, dann nur sich selbst. Es war, als hätte man einen zu klein geratenen amerikanischen Drill-Sergeant in eine Kochjacke gesteckt. Natürlich hatten wir mächtig Schiss vor ihm, was sich auch auf die Stimmung untereinander niederschlug. Wir beäugten uns misstrauisch, und jeder gab den Druck von oben eine Stufe nach unten weiter. Dumm war nur: Auf der untersten Stufe stand ich. Es dauerte nicht lange, und ich ging schon morgens mit Magenschmerzen zur Arbeit. Die wurden im Lauf des Tages nicht besser, was aber nicht nur am Umgangston lag. Sondern auch am Personalessen.

»Heute gibt's für euch lecker Frikadellen«, war der Standardspruch, wenn wir zum dritten oder vierten Mal in der Woche »Bratklopse mit Zigeunersoße« nach unserer Zwölf-Stunden-Schicht vorgesetzt bekamen. Natürlich hätte ich auch einfach nach Hause gehen und dort etwas Anständiges essen können. Aber nachdem ich immer fix und fertig war und mich kaum noch auf den Beinen halten konnte, musste ich irgendetwas zu mir nehmen, weil ich sonst wahrscheinlich mitten auf dem Heimweg zusammengebrochen wäre. Die Buletten hatten in der Tat einen Hallo-wach-Effekt, wenngleich etwas anders als gewünscht: Immer öfter rannte ich schnellstmöglich aufs Klo, um mir das Ganze noch mal durch den Kopf gehen zu lassen. Diese Ausbildung machte nicht nur keinen Spaß, sie war offenbar auch noch gesundheitsgefährdend.

»Du liebe Güte! Was ist denn los mit dir?«, fragte mich mein Vater in einem seltenen Anfall von Fürsorge, als ich mal wieder aschfahl und total kaputt zu Hause aufschlug.

»Papa, ich arbeite den ganzen Tag wie ein Schwein. Aber ich muss mich den ganzen Tag nur beleidigen lassen und zur Krönung auch noch irgendeinen ekligen Mist essen.« Dann erzählte ich, mit welchen Begriffen Schmitz mich und die anderen andauernd bedachte und was das Personalessen bei mir verursachte.

»Was ist denn das für einer?«, empörte sich mein Vater und war auf hundertachtzig. Er hatte Herrn Schmitz für einen honorigen Gastronomen gehalten, von dem ich für meinen künftigen Berufsweg jede Menge nützliche Sachen lernen konnte. »Pass mal auf, Frank. Wenn dir der Penner noch mal blöd kommt, dann nimmst du einen feuchten Aufnehmer und ziehst ihm den einfach quer durch die Fresse. Danach rufst du mich an. Ich hol dich dann ab.«

Die Gelegenheit zu dieser Art der Gegenwehr sollte ich schon ein paar Tage später bekommen. Warum der Anschiss diesmal konkret erfolgte, weiß ich gar nicht mehr – vermutlich hatte ich eine Zitronenscheibe verkehrt herum auf ein Fischfilet gelegt, einen Tropfen Soße auf der Arbeitsplatte nicht sofort weggewischt oder ähnlich Verwerfliches angestellt.

»Du dummer Nichtsnutz!«, schrie Schmitz. »Kannst du denn gar nichts richtig machen, du Idiot?«

In diesem Augenblick erinnerte ich mich an die Worte meines Vaters und sah mich um, wo der Aufnehmer gerade herumlag. In letzter Sekunde entschied ich mich jedoch gegen den Lappen und für eine verbale Verteidigung.

»Der Idiot hier sind Sie!«, brüllte ich zurück. »Sie können doch nichts außer herumschreien und Leute schikanieren. Sie können mich mal kreuzweise!«

Ein paar Minuten später stand ich vor dem Restaurant, atmete in der frischen Luft tief durch und war froh, dass die Sache vorbei war. Schmitz hatte mich nach meiner Tirade natürlich fristlos entlassen. Das war mir in diesem Moment allerdings ziemlich schnuppe. Erstens hatte ich auf eine solche Behandlung keinen Bock mehr. Und zweitens konnte ich hier höchstens lernen, wie man es nicht machte. Das war zwar auch eine Erkenntnis, aber die musste ich nicht mehrere Jahre lang immer wieder aufs Neue erlangen. Es war Zeit, etwas zu finden, das mich wirklich weiterbrachte.

In den nächsten Wochen ließ mein Vater seine alten Kontakte spielen und telefonierte in der Gegend herum. Er kannte zwar noch nahezu alle Gastronomen im Pott von seiner Firmentätigkeit, aber die Lage war beschissen. Insgesamt hatte gerade jeder Zehnte keinen Job, und die Jugendarbeitslosigkeit befand sich 1983 auf einem Allzeithoch. Es gab zweifellos bessere Zeiten, um ins Berufsleben zu starten.

Nach einigen vergeblichen Versuchen landete Papa schließlich bei Horst Paulussen, der sich mit seinem Hotelrestaurant in Gelsenkirchen seit Mitte der Siebziger einen guten Namen gemacht hatte. Paulussen galt zwar auch gelegentlich als hemdsärmelig. Aber dennoch eilte ihm der Ruf voraus, ein waschechter Gastronom mit Aura und Charisma zu sein. Und sein kleines, aber feines Hotel mit fünfundvierzig Zimmern und angeschlossenem Restaurant lag schließlich ganz in der Nähe des legendären Parkstadions.

»Sag mal, kannst du meinen Jungen vielleicht in deinem Laden brauchen? Der Frank ist auf Zack, aber beim Schmitz hat das irgendwie nicht geklappt.«

Bei diesem Stichwort wusste Paulussen sofort Bescheid. »Beim Schmitz? Alles klar«, lachte er. »Schick ihn mal vorbei, ich guck mir den Buben mal an.«

Ein paar Tage später sollte ich mich in dem Hotelrestaurant vorstellen. Kurz bevor wir von zu Hause losfuhren, wirkte mein Vater beinahe aufgeregter als ich – aber nicht wegen mir, sondern weil er befürchtete, dass ich bei Horst Paulussen seinen guten Namen in den Schmutz ziehen könnte, nachdem er sich für mich eingesetzt hatte.

»Mach mir keine Schande«, sagte er und guckte mich streng an. »Und überhaupt – wie siehst du denn aus? Komm mal mit ins Bad, so kann ich dich ja nicht vorzeigen.«

Er schleifte mich ans Waschbecken, hielt einen Kamm unters fließende Wasser und zog mir einen Seitenscheitel, mit dem ich aussah wie Karl Arsch persönlich. Dann nötigte er mich auch noch, ein weißes Hemd anzuziehen. Ich wäre selbst für eine Erstkommunion overdressed gewesen.

»Keine Sorge. Du schaffst das schon«, sagte meine Mutter, drückte mich und sah uns nach, als wir losfuhren.

Horst Paulussen empfing uns direkt im Lokal. Er hatte es sich bereits an einem Ecktisch gemütlich gemacht, und wir plauderten ein wenig darüber, was ich bislang gemacht hatte.

»Na, das klingt doch alles ganz gut«, sagte er milde. »Ich denke, wir können es mit dir versuchen.«

Nachdem alles Weitere geklärt war, verabschiedeten wir uns. Ich sollte nächste Woche anfangen. Wir waren bereits an der Tür, als sich mein Vater noch mal umdrehte und zu Herrn Paulussen zurückging.

»Wenn er nicht spurt, dann tritt ihm ruhig in den Arsch«, sagte er so, dass ich es hören konnte. Damals habe ich dem Satz keine große Bedeutung beigemessen, dachte ich zumindest – ich war solche Sprüche ja gewohnt. Aber nachdem ich mich heute noch genau an diese Szene erinnern kann, glaube ich, dass mich die Sache doch einigermaßen verstört hat. Ich habe selbst drei Kinder und könnte mir nie vorstellen, etwas Derartiges über sie zu jemand anderem zu sagen. Na ja, es war eben eine harte Zeit. Doch die allerhärteste brach jetzt erst an.

Wir schufteten in einer Fünfeinhalb-Tage-Woche jenseits aller tariflichen Regelungen, die damals ohnehin niemanden in der Gastronomie interessierten. Ich wusste, dass die gesamte Branche nicht die richtige war, wenn man gesteigerten Wert auf eine ausgeglichene private Freizeitgestaltung legte. Und mir war auch klar, dass ich die meisten Feiertage und Wochenenden für die kommenden Jahre abschreiben konnte. Aber dass sich ein Rudersklave auf einer römischen Galeere vermutlich nicht anders fühlte als wir, ahnte ich da doch nicht.

Üblicherweise arbeiteten wir von zehn Uhr morgens bis drei Uhr mittags und dann wieder am Abend von halb sechs bis elf Uhr. In den zweieinhalb Stunden dazwischen lohnte es sich natürlich nicht, nach Hause zu fahren und sich abzulegen. Ich machte lediglich ein paar Besorgungen oder ging mal zum Friseur. Zur Entspannung war die Pause aber vollkommen ungeeignet, vor allem weil in der Spätschicht die Luft brannte und man schon Schweißausbrüche bekam, wenn man auch nur an die Abendkarte dachte. Ohne Überstunden, die an besonders heftigen Abenden mit großen Feiern oder Banketten auch noch dazukamen, waren wir schon bei zehneinhalb Stündchen angelangt. Und der »halbe« Tag am Wochenende dauerte trotzdem noch von zehn bis achtzehn Uhr. So kam ich im besten Fall auf über sechzig Wochenstunden – und das für dreihundertneunzig Mark, brutto, versteht sich. Dazu kam dann zu allem Überfluss noch ein Tag Berufsschule.

Zumindest die machte mir halbwegs Spaß, was vor allem an Frank Buchholz lag, zu dem sich schnell eine enge Freundschaft entwickelte. Seine Mutter hatte nach dem frühen Tod seines Vaters einen Italiener geheiratet und mit ihm Anfang der Siebzigerjahre in Unna eines der ersten und bis heute besten italienischen Ristorante der gesamten Region gegründet: das »Meisterhaus«. Mit dieser Prägung war es damals schon klar, dass Frank ein riesiges Talent nicht nur für das Handwerk an sich und für den Umgang mit Lebensmitteln besaß – obwohl er eigentlich nur deswegen eine Kochlehre absolvierte, weil er keine Ausbildung zum Kaufmann bekam. Er entwickelte früh einen ganz eigenen Stil, der sich in seiner Kleidung und seiner Ausdrucksweise widerspiegelte. Ich war mir sicher, dass er es später zu etwas Großem bringen würde, und war froh, mir das ein oder andere von ihm abschauen zu können. Außerdem war er ein verrückter Typ, der sich mit zarten siebzehn schon mal ins Auto seiner Mutter setzte, um mich vierzig Kilometer weiter nordöstlich in Polsum zu besuchen, nachdem ich im dortigen Krankenhaus die Mandeln rausbekommen hatte.

Unser Lehrer Heinrich Wächter schaffte es außerdem, trotz aller Arbeitsbelastung noch einen gewissen Enthusiasmus in uns zu entfachen und uns die gute alte Koch-Ehre näherzubringen. Aber auch von Herrn Wächter konnte ich keinen Zuspruch erwarten, wenn es um Rahmenbedingungen wie die Arbeitszeit oder den Ton ging. Er wurde schließlich genauso geprägt wie meine Vorgesetzten und war folglich aus demselben Holz geschnitzt.

»Wenn's dir am Feuer zu heiß ist, darfst du nicht in die Küche gehen«, sagte er immer – und damit war das Thema erledigt. Mit Heinrich Wächter verbindet mich übrigens auch heute noch eine Freundschaft, und er engagiert sich im Rahmen unseres Vereins »ROSINCHEN for Kids e.V.«.

Willst du das wirklich dein ganzes Leben lang machen?, fragte ich mich, als ich nach einem ganz normalen Arbeitstag meine Kochjacke auszog, an der sich keine einzige weiße Stelle mehr befand. Ich war so erschöpft, dass ich nichts mehr spürte, wie nach einer Vollnarkose. Nur meine Füße fühlten sich an, als wäre ich soeben in Wanderschuhen beim Duisburger Rhein-Ruhr-Marathon mitgelaufen. Das Lager und die Kühlräume befanden sich im Keller zwei Etagen unter der Küche, und hätte ich für jede Stufe auch nur einen Pfennig bekommen, hätte ich mich nach vier Wochen in der Südsee zur Ruhe setzen können. Ich empfand ernsthafte Zweifel, ob Gastronom wirklich ein – und vor allem: mein – Traumberuf war. Ich kannte die ganze Schinderei aus meinen bisherigen Stationen nur zu gut, und auch Mama buckelte im »Glückauf-Grill« wie eine Verrückte, nur um am Ende des Tages halbwegs genug Geld für uns alle verdient zu haben. Aber hier kam ich erstmals echt an meine Grenzen. Ich war einfach fertig.

Auch in dem Hotelrestaurant wurde fast nur geschrien, geschimpft und gepöbelt. Horst Paulussen selbst war ein wundervoller Ausbilder, immer angenehm im Ton und geduldig bei Nachfragen. Aber er hatte die Verantwortung für die Küche weitgehend seinen beiden festangestellten Köchen anvertraut. Auf diese beiden kamen bis zu acht Lehrlinge, die wiederum ihre Hierarchie untereinander je nach Betriebszugehörigkeit festlegten. Schon wieder befand ich mich am unteren Ende der Beliebtheitsskala, was für mich bedeutete, kein Trinkgeld abzubekommen, dafür aber Prügel. Besonders Heinze, einer der zwei Köche, hatte mich auf dem Kieker. Der Mann war kein besonders guter Lehrmeister. Obwohl ich kräftig war und mir auch nichts gefallen ließ, setzte er eine fiese Technik ein, um mich einzunorden, wenn ich in seinen Augen etwas verbockt hatte. Erst schlug er mit voller Wucht auf einen meiner Oberschenkel, sodass ich zwangsläufig in die Knie sackte. Dann haute er auf meinen Oberarm, und zum krönenden Abschluss gab's noch einen Nierenhaken. Ich hasste Heinze, und er hasste mich. Dabei wusste ich gar nicht, was ich ihm getan hatte – ich erledigte meine Arbeit, so gut und genau es ging. Aber als Stift war man nun mal Freiwild. Und das wurde jeden Abend nach bester Waidmannsart zum Abschuss freigegeben.

Bei einem solchen Programm blieb kein Platz fürs Privatleben. Wenn ich mal ein Mädchen kennenlernte, war spätestens nach zwei oder drei Wochen Schicht im Schacht. Wer hatte schon Lust, sich mit jemandem zu verabreden, der ständig kurz vor dem Date absagen musste, weil noch Töpfe zu spülen waren oder die Gäste länger als geplant sitzen blieben? Hätte mich mein Vater nicht derart vorgeprägt, hätte ich die Zeit in dem Hotelrestaurant nicht überstanden. Dann wäre ich in dem Laden zerbrochen und hätte nie wieder auch nur einen Kochlöffel angefasst. Aber ich musste mich irgendwie durchbeißen, um weiterzukommen. Und immerhin lernte ich im Vergleich zur vorherigen Station hier auch was.

Wir wurden, je nach Gästeaufkommen, täglich neu eingeteilt, entweder auf den warmen oder den kalten Posten. Dort hieß es dann Vollgas geben, aber mit der Zeit schliffen sich die Abläufe ein, auch weil sich die Karte eigentlich nie groß veränderte. Irgendwann konnte ich alle Gerichte blind kochen, weshalb Horst Paulussen auf die glorreiche Idee kam, mich meine Lehre in seinem zweiten Objekt fortsetzen zu lassen – einem etwas eigenwilligen, aber durchaus berühmten Lokal, das es schon seit der Jahrhundertwende gab. Ich sollte bleibende Erinnerungen daran behalten.

In den Fünfzigerjahren wurde das markante Gebäude, das zwischenzeitlich sogar mal als Tankstelle diente, von einem aus Heidelberg stammenden Ehepaar aufgekauft. Die beiden ließen darin eine Bauernstube und einen japanischen Teesalon einrichten. Diese Kombination war schräg, lockte aber vermutlich genau deshalb viele Leute an. Im Prinzip war das Ganze eine Gelddruckmaschine. Durch den nahen Friedhof fanden häufig große Begräbnisfeiern mit dem obligatorischen Leichenschmaus darin statt. Wer einmal selbst eine solche Veranstaltung erlebt hat, der weiß, dass dabei oft mehr gesoffen wurde als bei jedem Kegelabend. Viele Gelsenkirchener schauten nach dem Sonntagsspaziergang durch den Park einfach zu Kaffee und Kuchen vorbei – und befahlen ihren Kindern vor dem Betreten des Gastraums, sich anständig zu benehmen. Die Gutsituierten wiederum ließen sich am Abend Weinbergschnecken, Hummercocktails und andere Leckereien schmecken.

Paulussen hatte einst selbst in dem Laden gelernt, war erst Chefkoch geworden und hatte das Restaurant schließlich 1974 ganz übernommen. Seitdem verkehrten dort nicht nur die Größen aus der Lokalpolitik oder den Führungsetagen der Zechen und einheimischen Konzerne, sondern auch etliche Spieler und Offizielle des FC Schalke 04, der nach seinem ersten Abstieg gerade wieder aus der zweiten in die erste Bundesliga aufgestiegen war. Das fand ich natürlich cool, denn Schalke war mein Club. Immer wenn wir mal nicht am Samstag unterwegs auf Tour waren, hatte mich mein Vater mit ins Parkstadion zu den Heimspielen genommen. Außerdem war die Karte hier anspruchsvoller als im Hotelrestaurant, was an Küchenchef Hans Schulte lag. Der Mann hatte viele Ideen und war sicherlich ein guter Koch, aber er war ähnlich streng und cholerisch wie Schmitz und Heinze. Und auch ihm rutschte hin und wieder die Hand aus.

Aus heutiger Sicht ist es – vollkommen zu Recht – absolut undenkbar, während seiner Ausbildung vom eigenen Vorgesetzten ein paar Backpfeifen verpasst zu bekommen, einen Schlag mit dem Kochlöffel auf die Hand oder einen Pferdekuss. Aber so befremdlich das klingen mag: Damals interessierte das keine Sau. Und selbst an so etwas konnte man sich irgendwie gewöhnen. In der Schule brüsteten wir uns sogar gegenseitig damit, wie hart unser jeweiliges Lehrlingsdasein an den anderen Tagen der Woche wieder gewesen war. Hatte ich beispielsweise Würgemale am Hals, zeigte mir ein Klassenkamerad seine blauen Flecken am Rücken, und wieder ein anderer präsentierte stolz seine beinahe abgeschnittene Fingerkuppe. Das alles war freilich Pillepalle gegen das, was mir an Pfingsten kurz vor dem Ende meiner Lehrzeit passierte.

Meinem Kollegen Thomas und mir wurde aufgetragen, Brühe anzusetzen. In einem Lokal wie der »Kaiserau« bedeutete das nicht etwa, ein bisschen Wurzelgemüse, Zwiebeln, Knochen und Fleisch in ein schnuckeliges Töpfchen zu geben, um dann ein paar Teller Suppe herauszubekommen. Der Stahlkoloss, in dem wir unseren Vorrat für die gesamte Woche vorköchelten, fasste achtzig Liter und hätte auch als Notunterkunft bei einem mehrtägigen Campingurlaub getaugt. Trotzdem war das nichts Außergewöhnliches. So etwas hatten wir schließlich schon hundertmal gemacht. Diesmal aber war das Ding wirklich randvoll, wobei die obersten sechs oder acht Zentimeter nicht aus Flüssigkeit, sondern aus einer durchgängigen Fettschicht bestanden, die sich im Lauf der letzten Stunden gebildet hatte. An sich war das gut, denn das Fett war der Geschmacksträger. Nur in Sachen Transportsicherheit war noch Luft nach oben. Ganz im Gegensatz zum Topf.

»Holt den lieber mal langsam vom Herd«, rief uns der damalige Küchenchef quer durch die Küche zu, nachdem er das blubbernde Ungetüm in Augenschein genommen hatte. »Ihr könnt das jetzt abgießen.«

Wir wuchteten den siedend heißen Riesenkübel gemeinsam von der Platte, was nicht ganz ohne war, weil Topf und Inhalt gut und gerne hundert Kilo wogen und die Fettschicht bereits bedenklich hin und her schwappte. Man musste immer höllisch aufpassen, dass in diesen Augenblicken nichts passierte. Nicht auszudenken, wenn man stolperte oder sonst was dazwischenkam.

»Na, ihr Lappen! Jetzt habt euch mal nicht so«, lachte der Küchenchef, als er uns beim Balancieren des riesigen Topfes beobachtete. Er kam herüber und machte eine irritierende Bewegung. Wir wichen instinktiv aus, und ein Schwall köchelndes Fett lief uns über die Hände. Sofort ließen wir gleichzeitig den Suppeneimer los, und die gesamte Brühe ergoss sich erst über unsere Füße und dann auf den Boden. Thomas schrie wie am Spieß, und ich dachte noch, ich hätte Schwein gehabt, weil der Behälter mit einem donnernd lauten Wumms ein paar Zentimeter vor meinen Zehen auf die Fliesen knallte. Doch nach ein paar Sekunden Schockstarre spürte auch ich einen Schmerz, wie ich ihn noch nie erlebt hatte und hoffentlich nie wieder erleben werde. Es war, als würde ich in einen See voller Lava steigen und einfach darin stehen bleiben, bis meine Beine erst langsam in Flammen aufgingen und dann ganz verbrannten. Noch heute wird mir speiübel, wenn ich daran denke, wie krass sich das anfühlte. Mir wurde schwarz vor Augen, und ich klappte fast zusammen wie ein ausgeleiertes Schweizer Taschenmesser.

»Um Himmels willen«, rief unsere Kaltmamsell Rita, die gute Seele des Restaurants, die sofort zu Hilfe geeilt war, nachdem sie das Unglück mitbekommen hatte.

»So eine verdammte Kacke!«, brüllte der Küchenchef. Er war ebenfalls erschrocken, machte sich aber weniger Sorgen um unsere Gesundheit, sondern mehr deswegen, weil in einer halben Stunde die ersten Gäste kommen sollten und der Küchenboden zentimeterhoch mit heißer, fettiger Flüssigkeit bedeckt war. »Jammert hier mal nicht so rum, Leute. Ihr müsst die Sauerei sofort sauber machen«, gab er uns zu verstehen.

»Du solltest unbedingt die Schuhe ausziehen«, sagte Rita zu mir, während sie zeitgleich Thomas verarztete. Ihn schien es nicht ganz so schwer erwischt zu haben, er hatte sich nur die Pfoten verbrüht. Ich dagegen versuchte vorsichtig meine alten Kochtreter abzustreifen, aber es gelang mir nicht – es tat einfach zu sehr weh.

»Du musst, Frank. Beiß auf die Zähne«, befahl Rita. »Wir müssen uns das ansehen.«

»Und wer putzt das jetzt weg? Das muss alles schnellstens aufgewischt werden. Die Gäste sind im Anmarsch!«, regte sich der Küchenchef immer noch auf. Am liebsten hätte ich ihm eine in die Fresse gehauen, aber dazu hatte ich nicht die Kraft. Außerdem konnte ich vor lauter Schmerzen nicht aufstehen. Der Mann hatte so viel Mitleid mit uns wie ein Großwildjäger mit einem angeschossenen Kaffernbüffel. Das konnte ja wohl nicht wahr sein.

Während mir Rita half, in Zeitlupe meine Schuhe auszuziehen, stellte ich fest, dass meine nassen Socken an der Haut kleben blieben. Sie ließen sich nur abstreifen, indem ich die Haut vom Fußgelenk bis zum Spann notgedrungen mit ablöste. Jetzt war mir endgültig schlecht. Die anderen Kollegen machten sich unter dem Gebrüll des Küchenchefs einstweilen widerwillig daran, das Malheur zu beseitigen. Die ganze Brühe war natürlich in jede Ritze und unter jedes Gerät geflossen.

»Chef, ich glaub, ich muss ins Krankenhaus«, stammelte ich, blickte auf das Desaster herunter und sah rohes Fleisch, das leider nicht aus der Speisekammer stammte, sondern zu mir gehörte.

»Das kannst du später auch noch machen«, erklärte mir der Maestro und ließ mir zwei Behälter mit Eiswasser bringen. »Jetzt stellst du dich da mal rein, dann geht das schon. Und wenn der erste Ansturm vorbei ist, dann sehen wir weiter.«

Bevor ich darüber nachdenken konnte, ob der olle Muffenkopp noch alle Latten am Zaun hatte, stand ich schon an meinem Posten am Herd und kühlte meine verbrannten Füße in einem Putzeimer. Ich war wie in Trance, weshalb mir auch nicht in den Sinn kam, einen Krankenwagen zu rufen. Nach ein paar Minuten kam Rita wieder zu mir, drückte mir in einem unbemerkten Moment ihre Autoschlüssel in die Hand und befahl mir, schleunigst abzuhauen. Der Küchenchef war gerade beschäftigt, also nutzte ich den Augenblick, humpelte hinaus und schleppte mich zum Wagen. Barfuß und unter Höllenqualen fuhr ich ins Krankenhaus. Danach war ich mit Verbrennungen zweiten und dritten Grades vier Wochen krankgeschrieben, weil sich das Ganze auch noch entzündete.

Ob die Sache meinem damaligen Chef leidtat, erfuhr ich nicht. Nach meiner Rückkehr war der Vorfall kein Thema mehr. So war das eben damals. Normalerweise hätte ich nie wieder einen meiner lädierten Füße in diesen Laden setzen sollen. Aber hinzuschmeißen war keine Option. Wäre ich nach Hause gekommen und hätte erzählt, dass ich meine Lehre nicht weiterführen möchte, hätte mich mein Vater vermutlich zum Backsteineschleppen auf den Bau geschickt. Das war auch nicht erstrebenswert. Und voll im »Glückauf-Grill« mit einzusteigen, wäre denkbar gewesen. Aber erst nach einem Berufsabschluss.

Kurz vor dem Ende meiner Ausbildung funktionierten mein Chef und mein Ausbilder das Restaurant vom Feinschmeckerlokal in ein Steakhaus um. Die waren seit Anfang der Siebziger, als erst Eugen Block in Hamburg und später die Kette »Maredo« am Berliner Ku'damm ihre ersten Filialen eröffneten, groß angesagt. Steak, das klang auch und gerade in der Arbeiterstadt Gelsenkirchen nach großer weiter kulinarischer Welt, nach Metropole – und für die Chefs vor allem nach einem besseren Geschäft.

»Das kriegst du hin, oder?«, fragte mich Schulte, nachdem er mir mitgeteilt hatte, welches neue Konzept er mehr oder weniger ab sofort umzusetzen gedachte. Eine Antwort erwartete er nicht. Und eine Alternative dazu gab es für mich auch nicht. All das, was ich in den letzten beiden Jahren hier gelernt hatte, konnte ich nun in die Tonne treten. Plötzlich sollte nicht mehr vornehm gekocht, sondern nur noch im Akkord Fleisch auf die Platte gelegt, Sauerrahm auf die Ofenkartoffeln geklatscht und Kroketten frittiert werden. Das machte keine Freude.

Mit der Maßnahme waren nicht mal größere Umbauarbeiten verbunden. Wir bekamen lediglich einen größeren Grill. Und die Speisekarten wurden neu gedruckt. Irgendwann sollte wohl noch ein anderes Schild über dem Eingang auf das neue Rindfleischparadies hinweisen, aber das war's.

Erstaunlicherweise funktionierte diese planlose Hals-über-Kopf-Aktion am Anfang sehr gut. Viele Leute, die zuvor das Restaurant gemieden hatten, weil ihnen manche Gerichte zu abgehoben waren, rannten uns die Bude ein. Wir vergaben die Tische nicht mehr nur ein einziges Mal pro Abend, sondern mehrfach. Für mich bedeutete die Umstellung, dass ich meistens dreißig Stücke Fleisch gleichzeitig auf dem Rost liegen hatte. In meinem dritten und letzten Lehrjahr war ich kurz vor der Prüfung unfreiwillig zum Grillonkel geworden, der akribisch genau darauf achten musste, dass das Dreihundert-Gramm-Rib-Eye gefälligst medium rare zum Gast kam, während seine Gattin ihr Hundertachtzig-Gramm-Filet durchgebraten haben wollte. Wenn dabei etwas nicht passte und gar von den Tischen zurückkam, gab's ordentlich Zunder. Ich kam an meine Grenzen.

Mein fachlicher Erkenntnisgewinn hielt sich in Grenzen. Zumindest lernte ich in dieser Zeit, zu arbeiten wie eine Maschine. Das wollte und konnte ich sicher nicht für immer durchhalten. Trotzdem waren jene Jahre eine harte Schule für all das, was später folgen sollte. Mit zu viel Stress braucht mir jedenfalls keiner um die Ecke zu kommen, nur weil er mal zeitgleich vier Hauptgerichte zubereiten muss. Es ist alles eine Frage der Organisation. Und weil ich wirklich oft vor Augen geführt bekam, wie es nicht funktionierte, klappt es heute bei mir und meinem Team umso besser. So hatten selbst die Suppen-Katastrophe oder die Akkord-Grillerei noch etwas Gutes.

Übrigens erlitt das Restaurant von Paulussen dasselbe Schicksal wie viele alteingesessene Betriebe, die irgendwann ihre eigene gastronomische Linie aufgaben, um dem vermeintlichen Zeitgeist zu folgen. Auch die Steakhaus-Episode war schlussendlich nur von kurzer Dauer. Nachdem Hans Schulte sein Glück woanders versuchte, gaben sich die weiteren Pächter die Klinke in die Hand. Zum Schluss befand sich ein China-Lokal in dem Gebäude, dem man spätestens seit der Jahrtausendwende schon von Weitem ansah, dass die besten Zeiten längst Vergangenheit waren. Als ich dort neulich mal wieder langgefahren bin, stellte ich fest, dass das Haus mittlerweile abgerissen worden war. Die Lokalpresse hatte es vorher als »Schandfleck von Buer« bezeichnet, was mir echt wehtat. Bei allen im wahrsten Sinne des Wortes schmerzhaften Erfahrungen, die ich dort machte, gehörte das Restaurant untrennbar zu meinem Leben dazu.

Steak hin, Ofenkartoffel her – im Frühjahr 1986 stand meine Abschlussprüfung an. Und dabei konnte ich das, was ich hinsichtlich der Belastung am Arbeitsplatz in den letzten Jahren gelernt hatte, gleich mal einsetzen. Mit ganz praktischem Nutzen.

»Frank, ich hab 'nen totalen Blackout«, flüsterte mir Stefan zu, der am Herd neben mir sein Prüfungsessen zubereiten sollte. Er war ein netter Kerl und eigentlich auch fachlich auf Zack. Die Situation, unter Druck die Prüfungsaufgaben zu bestehen, machte ihn jedoch fertig. Bei ihm ging nichts mehr.

»Was ist denn los?«, fragte ich und versuchte mich gleichzeitig auf mein eigenes Drei-Gänge-Menü zu konzentrieren, das mich endlich auch offiziell als ausgelernten Koch ausweisen sollte. Bei mir gab's lecker Matjesfilet, Schweinelendchen in Champignonrahm und Eischneebällchen auf warmen Erdbeeren nach einem Rezept des großen Paul Bocuse.

»Mann, Frank, ich steh völlig auf dem Schlauch. Ich weiß nicht mehr, was ich machen soll«, sagte Stefan und hatte dabei Tränen in den Augen.

»Bleib ruhig, Alter«, antwortete ich. »Das kriegen wir schon hin.«

Und so jonglierte ich möglichst unauffällig zwischen seinen und meinen Töpfen, Schalen und Pfannen hin und her und kochte im Prinzip sein gesamtes Essen mit. Es wunderte mich, dass meine unerlaubte Hilfestellung nicht aufflog. Das war hier ja nicht wie in der Schule, wo man dem Banknachbarn mal unauffällig sein Matheheft rüberschieben konnte. Aber die Prüfer waren so sehr mit dem Abarbeiten ihrer Checklisten beschäftigt, dass ich zwischendurch immer wieder Gelegenheit hatte, Stefans Arbeitsgänge zu übernehmen und ihn vor einem Nervenzusammenbruch und damit dem sicheren Durchrasseln durch die Prüfung zu bewahren.

Die ganze Angelegenheit zog sich über mehrere Stunden und war kein Zuckerschlecken. Wir mussten die Vor-, Haupt- und Nachspeise nicht nur in einer bestimmten Zeit so exakt wie möglich zubereiten. Erforderlich war auch, eine genaue Warenanforderung zu erstellen, das entsprechende Rezept dazu aufzuschreiben und natürlich eine korrekte Kalkulation zu errechnen. Heute bekommt man als Prüfling das gesamte Menü einen Monat vorab mitgeteilt, sodass man sich in seinem Ausbildungsbetrieb darauf ausreichend vorbereiten kann. Wer dann immer noch durchfällt, sollte lieber die Finger von allem lassen, was nach einem Herd aussieht. Leider darf man jedoch auch ganz ohne offiziellen Abschluss eine Pinte aufmachen und außen »Gaststätte« dranschreiben.

Das ist eines der Hauptprobleme unserer Branche und lässt mich nicht nur bei »Rosins Restaurants« immer wieder verzweifeln. Auch nach all den Jahren noch, in denen ich wirklich alles gesehen habe, was man sich nicht einmal in seinen schlimmsten Albträumen vorstellen mag und im Fernsehen gar nicht mehr zeigen kann. Ich will das nicht verstehen: Es käme doch auch niemand auf die Idee, eine Autowerkstatt zu eröffnen, wenn er sich mit Kraftfahrzeugen nicht auskennt und eine Kurbelwelle nicht von einem Kolben unterscheiden kann. Und einen Friseur, der nicht weiß, was eine Schere ist, habe ich glücklicherweise auch noch nicht kennengelernt. Köche, die diesen Titel nicht verdienen, dagegen jede Menge.

Unser guter Herr Wächter war vor allem von meinem Nachtisch begeistert und gab mir eine Eins. Stefan bestand auch, und damit war das Kapitel Ausbildung endlich abgeschlossen. Als Belohnung für die schlimmsten drei Jahre meines Lebens gönnte ich mir einen grünen VW Golf GL, Baujahr 1979, mit fünfundsiebzig PS und sagenhaften vier Gängen. Die Heckscheibe war mit dunkler Folie beklebt, und die Felgen waren mehr wert als die gesamte Karre. Das Teil war bei Licht betrachtet ein richtiger Schrotthaufen, aber es brachte mich der großen, weiten Welt ein Stück näher. Zumindest fühlte es sich so an. Und diese Welt befand sich zunächst exakt fünfzehn Kilometer östlich von Gelsenkirchen in Recklinghausen und hieß »Engelsburg«.

Das elegante Hotel mitten in der Altstadt besaß einen prima Ruf, vor allem wegen seines angeschlossenen Restaurants, das immerhin mit vierzehn Punkten im »Feinschmecker« bewertet wurde. Die kulinarische Idee, die der dortige Küchenchef Egon Wilms verfolgte, hatte schon einen echten Gourmetansatz, der sich an der damals schwer angesagten Nouvelle Cuisine orientierte. Auf der Karte standen Gerichte wie Täubchen, gefüllte Wachteln oder Seezungenröllchen. So etwas kannte man zuvor nicht, zumindest nicht im nördlichen Ruhrgebiet. Nachdem ich mir darüber klar geworden war, dass ich trotz meiner schlechten Erfahrungen den eingeschlagenen Weg weitergehen wollte, glaubte ich dort den nächsten logischen Schritt machen zu können. Und der sollte über die Zubereitung von drei Grundsoßen, achtzig Litern Suppenansatz oder hundert Steaks am Abend hinausgehen. Noch während meiner Lehre hatte ich mich bei Wilms als Geselle beworben, und er sagte mir zu meinem Erstaunen auch umgehend zu.

Schon am ersten Tag bemerkte ich einen deutlichen Unterschied zu meinen vorherigen Stationen. Nicht dass es in der »Engelsburg« ruhiger oder entspannter zuging als in den beiden anderen Restaurants. Das nicht. Aber es herrschte nicht nur dieselbe gewissenhafte Ordnung wie früher in der Firma meines Vaters, sondern auch eine strenge Disziplin in Sachen Organisation, Hygiene oder Planung, die das Arbeiten unter dem Strich zwar nicht fröhlicher, aber immerhin erheblich einfacher machte. Und es gab keine Überstunden mehr.

»Ihr müsst eure Arbeit in eurer Arbeitszeit schaffen«, lautete Wilms' Credo. Das klang leichter, als es war, und ließ sich nur umsetzen, wenn man sich exakt an die vorgegebenen Abläufe hielt. Um Punkt neun Uhr war Dienstbeginn. Jeder Koch musste zunächst seine ihm zugewiesene Ecke im Kühlhaus ausräumen und präsentieren. Eine halbe Stunde später frühstückten wir alle gemeinsam, und während wir das taten, kontrollierte der Chef die einzelnen Posten, die wir dann nach dem Frühstück wieder einräumen sollten. So oder so ähnlich stellte ich es mir auch bei der Bundeswehr vor, aber zumindest wusste man immer, woran man war. Allerdings schien Herrn Wilms mein Talent irgendwie verborgen geblieben zu sein.

»Rosin, werden Sie mal lieber Schuster«, war einer seiner Lieblingssätze, während er mal wieder direkt mit seinem Allerwertesten auf der Arbeitsplatte neben mir saß, mir gemütlich beim Anrichten zusah und dabei andauernd den Kopf schüttelte. Ich ärgerte mich still, denn ich hatte schnell begriffen, dass der Typ selbst nicht viel zu bieten hatte, was Kreativität und Optik der Gerichte betraf. Immer wenn es für uns etwas Neues zu kochen galt, mussten wir von ihm persönlich das entsprechende Rezept abholen. Seine handschriftlichen Notizen übergab er uns dann feierlich aus einer seiner heiligen Mappen, die er ansonsten hütete wie der FC Schalke seine sieben Meisterschaftstrophäen. Keine Frage, der Mann war ein guter Organisator, und seine Warenauswahl sowie sein Umgang mit Lebensmitteln hatten Vorbildcharakter. Seine Rezepte jedoch – wer weiß, woher er diese hatte – gaben kulinarisch nicht viel her.

Meine Aufgabe in der »Engelsburg« war es, die kalte Küche sowie die Patisserie zu übernehmen. Rosa, meine Postenchefin, war im Vergleich zu unserem obersten Vorgesetzten eine begnadete Köchin. Sie stammte selbst aus einer Gastronomiefamilie, lobte mich immer wieder und motivierte mich, neue Dinge auszuprobieren und kreativ zu sein. Außerdem fabrizierte sie ganz nebenbei den besten Baumkuchen der Welt. Trotzdem konnte sie sich nicht gegen Egon Wilms durchsetzen – und ich mich erst recht nicht. Nach sechs Monaten stupiden Nachkochens der vom Küchenchef vorgegebenen Rezepte hatte ich die Schnauze voll. Unterdessen war ich mir relativ sicher, dass ich im Grunde in jedem Betrieb unterkommen würde, wo man einen fleißigen Jungkoch mit ein paar eigenen Ideen brauchen konnte. Die Bezahlung war ohnehin überall gleich mau, insofern würde es irgendwie weitergehen.

»Ich glaub, es ist das Beste, wenn ich gehe«, sagte ich zu Wilms nach einem Abend, an dem ich mich mal wieder nur von ihm herunterputzen lassen musste.

»Gut so«, antwortete er nur. »Dann geh!«

Damit war meine Zeit in der »Engelsburg« auch schon wieder beendet. Für den Moment war ich echt frustriert. Ich hatte sehr gehofft, hier auf ein neues Level zu gelangen. Mir war klar: Kochen bedeutete für mich, nicht auf einer Stufe stehen zu bleiben, sondern sich weiterzuentwickeln. Immer dieselben Gerichte nach Schema F hinzuklatschen oder ausschließlich Rezepte aus alten Kochbüchern zu verwenden, war dagegen keine Herausforderung. Ich wollte lieber mit Augen und Ohren klauen, wie es mir mein Großvater geraten hatte. Das konnte ich in der »Engelsburg« jedoch nicht.

Einen Vorteil aber hatte meine bisherige Rundreise zu den gastronomischen Ausbeutern der Region: Ich hatte mich längst an den Kasernenhofton gewöhnt, der in deutschen Küchen zu herrschen schien. Da konnte ich mich eigentlich auch gleich bei der Bundeswehr melden. Das tat ich dann auch.

3

Bundeswehr, Schiffskombüse und Amerika – Meine verrückte Wanderschaft

Als ich vor dem Tor zur Caspari-Kaserne in Adelheide stand, einem Stadtteil von Delmenhorst in der Nähe von Bremen, fühlte ich mich, als sei ich in ein Zeitloch gefallen. Die potthässlichen weißen, gelben und grünen Baracken, die versetzt zueinander in einem großen Karree angeordnet waren, sahen so aus, als habe man einfach vergessen, sie nach dem Krieg abzureißen. Selbst das Zeichen über dem Schriftzug am Haupthaus erinnerte verdächtig an einen Reichsadler, dem man notdürftig das Hakenkreuz weggeschrubbt hatte. In der Mitte des Areals befand sich ein riesiger Exerzierplatz, der auch als Parkfläche genutzt werden konnte und über dem die Deutschlandfahne wehte. Insgesamt viertausend Mann der Nachschubausbildungskompanie 15/I waren hier untergebracht. Einer davon war ab sofort und für die nächsten fünfzehn Monate ich. Eigentlich hatte ich die letzten Wochen keinen Bammel vor meinem Wehrdienst. Aber jetzt ging mir echt der Stift.

Zur offiziellen Einschleusung unmittelbar nach meiner Ankunft wurde ich zusammen mit anderen Neuankömmlingen in einen fensterlosen Raum gebracht, in dem drei lange Tische zu einem großen U angeordnet waren. Entlang des U saßen ein paar uniformierte und äußerst grimmig wirkende Männer, die wir Rekruten einer nach dem anderen passieren mussten. Jeder davon stellte uns eine Frage und hakte die Antwort auf einer Liste ab: »Wie heißen Sie?«, »Wo kommen Sie her?«, »Leiden Sie an chronischen Krankheiten?« und so weiter. Als ich bei dem Mann angekommen war, der genau in der Mitte der Tischformation saß, bemerkte ich, wie er länger als die anderen in seine Unterlagen schaute. Er wirkte auch deutlich sympathischer als der Rest, sah freundlich zu mir nach oben, schob seine Brille zurecht und fragte: »Hier steht, Sie sind ausgebildeter Koch?«

»Ja«, antwortete ich. »Lehre vor einem halben Jahr abgeschlossen.«

»Und? Kochen Sie gut?«

»Hoffe ich mal«, sagte ich.

»Dann können wir Sie ja im Unteroffiziersheim einsetzen.«

»Nee«, antwortete ich und grinste. »Lieber im Offiziersheim.«

Der Mann lachte.

»Gut. Wenn das so ist, dann schreib ich das jetzt hierhin.«

Danach ging es direkt auf die Stube. Der äußere Eindruck der Kaserne setzte sich leider auch drinnen fort: Überall wehte der verblichene Charme der Fünfziger- und Sechzigerjahre. Durch die langen, dunklen Flure mit ihren Neonröhren an den Decken und den staubigen Schaukästen an den Wänden herrschte eine Atmosphäre wie in einem Knast. Die klapprigen Pritschen und Metallschränke auf den Stuben wirkten wie vom Sperrmüll eingesammelt. Und selbst die Bar, die eigentlich nur für die Unteroffiziere vorgesehen war, aber gelegentlich von allen genutzt werden konnte, hatte überhaupt nichts Gemütliches. Trotzdem begannen hier, ohne dass ich es zu diesem Zeitpunkt wissen konnte, die bis dahin lustigsten Jahre meines Lebens. Und das vorangegangene kurze Gespräch sollte alles verändern.

Die Grundausbildung war genauso knüppelhart, wie ich sie mir vorgestellt hatte. Wir marschierten bei Eiseskälte durch die Nacht, biwakierten mit nassen Kampfanzügen im Morast, lernten, zu schießen und ein Gewehr in Rekordgeschwindigkeit erst auseinander- und dann wieder zusammenzubauen. Wenn etwas nicht so klappte, wie sich der jeweilige Unteroffizier vom Dienst das vorstellte, weil zum Beispiel nach dem Bettenmachen eine winzige Falte im Laken drin geblieben war, wurde man angebrüllt und zusammengeschissen. Während die meisten Kameraden jedes Mal zuckten, sich einschüchtern ließen und am Abend mit den Nerven richtig runter waren, konnte ich mit dem Ton ganz gut umgehen. Erstens wusste ich, dass das Schlimmste nach einem Vierteljahr überstanden war. Und zweitens kannte ich es nicht anders. Ob mich nun mein Vater, Schmitz, Wilms oder irgendein Feldwebel anschrie, machte keinen Unterschied.

Nach dem Grundwehrdienst hielt der Leutnant sein Versprechen, das er mir bei der Einschleusung gegeben hatte: Ich wurde tatsächlich ins Offiziersheim abgezogen. Hier sah es auch nicht gerade aus wie im »Vier Jahreszeiten«, aber die Holzdecke, die Wandvertäfelung und die Deckenleuchter verliehen dem Raum etwas halbwegs Einladendes. Die Küche war top ausgestattet und bestand vorwiegend aus zivilen Köchen und Küchenhilfen, die durch soldatische Mitarbeiter unterstützt wurden. Schon nach ein paar Tagen stellte ich fest, dass ich hier gut arbeiten konnte. Es herrschte ein äußerst kollegialer Umgang miteinander, und die anderen bemerkten schnell, dass ich nicht nur zum Zwiebelschneiden zu gebrauchen war.

Im Lauf der Zeit bekam ich ein gutes Gefühl dafür, was bei unseren sehr speziellen Gästen ankam und was nicht. Weil vermutlich auch Herumschikanieren anstrengend sein konnte, hatten die Herren Leutnante, Majore und Generale immer ordentlich Kohldampf und freuten sich über jede Abwechslung zum bisherigen Einheitsfraß. Natürlich konnte ich das Speisenangebot nicht vollständig umkrempeln – wir mussten uns beim Wareneinkauf streng an das vorgegebene Budget halten, und es handelte sich ja auch nicht um das Restaurant eines Fünf-Sterne-Hotels, sondern immer noch um den Speiseraum einer Kaserne. Aber mit ein paar frischen Zutaten, Kräutern und Gewürzen konnte ich die bisherigen Gerichte prima aufpeppen und auch neue Varianten entwickeln. Das blieb den Offizieren nicht lange verborgen.

»Sagen Sie mal, Gefreiter Rosin. Wollen Sie nicht ganz bei uns einsteigen?«, fragte mich der fürs Casino zuständige Hauptmann nach einem Abendessen.

»Was meinen Sie damit, Herr Hauptmann?«, fragte ich zurück.

»Unsere bisherige Leitung hört auf. Sie können die Nachfolge übernehmen. Allerdings müssen Sie sich dazu für zwei Jahre verpflichten. Was sagen Sie dazu?«

Dann erklärte er mir, wie die Anstellung konkret aussehen sollte: Ich sollte mir den Leitungsposten mit dem zivilen Küchenchef teilen. Das bedeutete, dass jeder von uns sieben Tage am Stück im Einsatz war, und das manchmal auch noch über mehrere Schichten, weil es außer dem Tagesgeschäft auch immer mal wieder größere Bankette gab, die bekocht werden mussten. Aber ich hatte es ja nicht weit ins Bett. Außerdem gab's für jede Woche Dienst eine gesamte Woche frei. Und gut bezahlt wurde die Stelle auch: Im Tarif standen rund zweitausendvierhundert Mark im Monat. Das war eine ganze Menge Schotter. Deshalb sagte ich zu.

In den freien Wochen arbeitete ich in der »Baldeneyer Fähre«, einem bekannten Ausflugslokal am Baldeneysee in Essen. Der See wurde in den Dreißigerjahren künstlich angelegt, und wenn man nicht gewusst hätte, dass hier die Ruhr aufgestaut wurde und ringsherum die Stadtteile Kupferdreh, Fischlaken und Bredeney lagen, hätte man im Sommer fast meinen können, irgendwo in Italien zu sein – zumindest nach dem dritten oder vierten Pils und wenn man nicht gerade auf das alte Fördergerüst der Zeche Carl Funke I blickte. Die »Fähre« besaß eine große Terrasse direkt am Wasser und war bei schönem Wetter das Naherholungsziel Nummer eins für Essen und Umgebung. Oberhalb des Sees befand sich die berühmte »Villa Hügel«, und auf dem Wasser kreuzten die Schiffe der Weißen Flotte. Hier zu arbeiten machte einfach Spaß, auch wenn die Karte lediglich klassische Großgastronomieküche umfasste und keine große fachliche Herausforderung bot. Aber die Stimmung war okay, die Gäste waren gut drauf, und das Geld stimmte auch: Ich verdiente inklusive Trinkgeld in etwa dasselbe wie beim Bund. Unterm Strich kam ich so auf fast fünftausend Mark im Monat, was für die damalige Zeit der Wahnsinn war. Mit diesem Budget wäre ich der König der Disco gewesen, wenn ich denn Zeit gehabt hätte. Es war aber allenfalls mal ein kurzer Wochenendausflug drin.

Zusammen mit einem Kumpel setzte ich mich an einem Samstagmorgen in den Intercity, der uns in sechs Stunden von Bremen nach München bringen sollte, wo wir uns zwei Tage lang der legendären bayerischen Gemütlichkeit widmen wollten. Im Zug trafen wir Carol, eine Amerikanerin, die sehr offen wirkte und gleich mit uns ins Gespräch kam. Sie befand sich gerade auf einem Interrail-Trip quer durch Europa und hatte schon alle möglichen Länder bereist. Carol kam aus Kalifornien und wollte wissen, wer wir waren, wo wir hinwollten und was wir noch so anstellten. Sie war etwas jünger als wir, vor allem aber echt nett. Weil ich ein anständiger Junge war und die Zeiten nun mal ganz anders als heute gewesen sind, tauschten wir nach dem Aussteigen lediglich brav unsere Adressen aus und versprachen uns, einander zu schreiben. Daraus entstand eine sehr intensive Brieffreundschaft, die mir noch eine unvergessliche Episode in meinem Leben bescheren sollte.

Ansonsten ließen die beiden Jobs in der Kaserne und in Essen so gut wie keinen Raum für andere Aktivitäten, aber das war mir egal. Ganz weit hinten in meinem Kopf hatte sich die Vorstellung festgesetzt, irgendwann ein eigenes Lokal zu besitzen, in dem ich all das umsetzen konnte, was aus verschiedenen Gründen bislang nicht möglich war. Und dafür brauchte ich jeden Pfennig, so viel stand sowieso fest. Ich musste nur an mich glauben. Das machte ich. Und nicht nur ich: Erstaunlicherweise gewann ich ausgerechnet beim Bund endlich an Selbstbewusstsein.

»Hat heute gut geschmeckt, Rosin«, sagte mir einer der Majore regelmäßig.

»Gute Organisation. Machen Sie weiter so!«, lautete das Urteil des Generalleutnants.

»Kannste öfter kochen«, sagten sogar meine Kollegen.

Das ging runter wie Öl. Ich konnte mich nicht erinnern, jemals so viel Lob gehört zu haben, außer vielleicht von meiner Mutter, aber die war natürlich befangen. Früher war ich schon froh, dass ich von meinem Vater oder einem meiner zahlreichen Chefs keine auf den Deckel bekam, wenn ihnen etwas nicht passte. Jetzt aber setzte der ungewohnte Zuspruch regelrecht neue Kräfte frei. Ich nutzte den Freiraum aus, der mir gegeben wurde, und traute mir immer mehr zu – organisatorisch, aber auch kulinarisch. Das fühlte sich verdammt gut an. Mit Anfang zwanzig hatte ich endlich einen Plan, wo die Reise für mich hingehen sollte. Auch wenn sie zunächst erst mal nur nach Wangerooge führte.

Die Familie von Hajo, einem meiner Kameraden und während der ersten Monate bei der Bundeswehr zu einem echten Freund geworden, besaß ein kleines Hotel auf der Insel. »Du musst da unbedingt mal mit mir hin und dir das ansehen«, hatte er schon mehrfach auf mich eingeredet. »Glaub mir, es wird dir dort gefallen.«

Der Junge stammte eigentlich aus Bremen, wo seine Eltern und die beiden Brüder auch lebten. Während der Sommersaison jedoch herrschte auf den Ostfriesischen Inseln Hochbetrieb, und deshalb zog die gesamte Sippe immer für knapp ein halbes Jahr dorthin, um sich um den Betrieb zu kümmern. Hajo half an jedem freien Wochenende ebenfalls mit aus. Ich gab nach und fuhr mit ihm die rund hundertzwanzig Kilometer von Delmenhorst nach Carolinensiel, von wo aus die Fähren auf das autofreie Wangerooge übersetzten. Vom Anleger aus ging's dann mit einer kleinen Eisenbahn quer durch die Salzwiesen, und obwohl das Ding so langsam fuhr, dass man nebenher problemlos hätte mitlaufen können, und die Landschaft so abwechslungsreich aussah wie der alte Trainingsplatz des FC Schalke, gefiel es mir hier sehr.

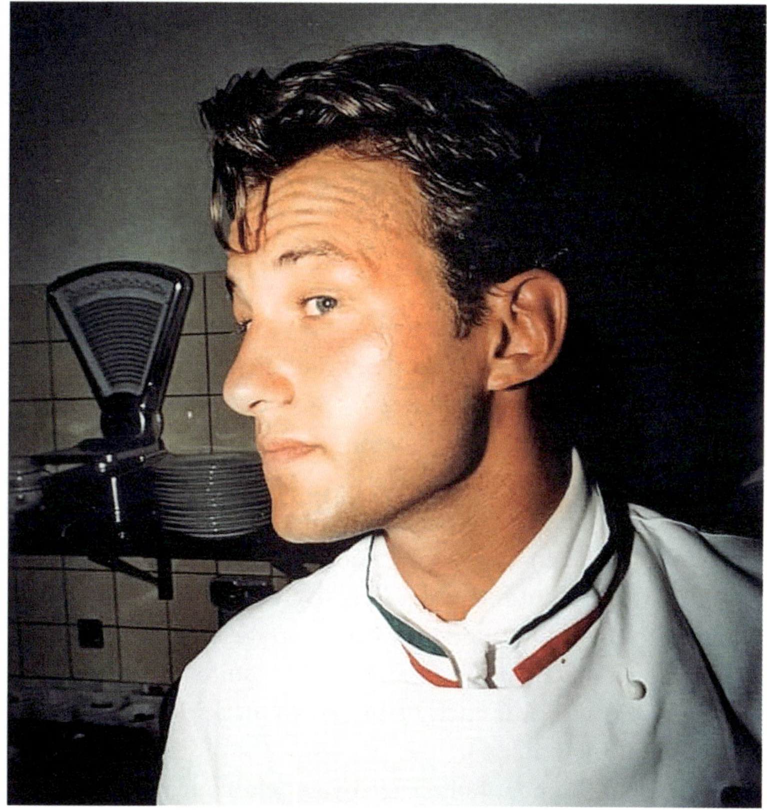

Auf Wangerooge

Auch das Hotel war sehr gepflegt. Es lag nur einige Schritte vom Strand entfernt und besaß einen gemütlichen kleinen und windgeschützten Garten, in dem die Gäste auch essen konnten. Die Sonne schien, ich konnte das Meer hören, und die Luft war klarer als ein Doppelkorn.

»Nicht schlecht«, sagte ich. »Hier lässt's sich aushalten.«

»Dann kannst du doch immer mit mir herkommen«, sagte Hajo. »Wir können hier gerade jeden guten Mann gebrauchen.«

Ab diesem Moment hatte ich einen dritten Job. Wann immer es in meinen freien Wochen ging und ich mich vom Baldeneysee loseisen konnte, half ich nun auch noch auf Wangerooge mit und kochte für die Feriengäste, die bei Hajos Eltern Urlaub machten. Sein Vater war Mitglied bei den »Maîtres de la Table«, einer exklusiven Köchevereinigung, die genau genommen »Confrérie des Maîtres de la Table et Frères en Gueule« hieß. Was dieser komische Name genau bedeuten sollte, war mir nicht ganz klar. Eines Abends nahm er mich beiseite.

»Warst du schon mal auf einem Schiff?«, fragte er leise.

»Ich bin eben erst auf einem hier auf die Insel gefahren«, antwortete ich und wollte schon weitergehen.

»Das meine ich nicht. Ich meine ein richtiges Schiff. Ein Segelschiff. Hast du schon mal auf so etwas gearbeitet?«

»Natürlich nicht«, sagte ich bestimmt. Wie sollte ich auch? Bis auf die Überfahrten nach Wangerooge und die Beobachtung der Essener Weißen Flotte von der Terrasse der »Baldeneyer Fähre« aus hatte ich bislang keinerlei maritime Erfahrungen vorzuweisen. Meine Eltern machten mit uns nie Urlaub am oder gar auf dem Meer, und Polsum war auch nicht gerade für seine große Seefahrertradition bekannt.

In diesem Moment holte Hajos Vater ein Foto aus der Tasche und zeigte mir einen schneeweißen Viermaster, der geschätzt hundert Meter lang war und mit seinen rund dreißig einzelnen

Segeln, den goldenen Verzierungen am Bug und den dunklen Holzmasten eine unglaubliche Eleganz ausstrahlte. Ich kannte mich, wie gesagt, nicht aus, aber das Ding hier war das schönste Schiff, das ich jemals gesehen hatte.

»Das ist die Sea Cloud«, erklärte er mir und erzählte kurz die bewegte Geschichte dieser Windjammer-Legende: Ein amerikanischer Multimillionär hatte 1931 aus Anlass seiner Hochzeit den Auftrag zum Bau gegeben, der dann in der Germaniawerft in Kiel erfolgte. Während des Zweiten Weltkriegs war die »Hussar V«, wie sie damals hieß, vor der US-Küste als Kriegsschiff im Einsatz. In den Fünfzigerjahren diente sie dem dominikanischen Diktator Raffael Trujillo als schwimmende Regierungszentrale, später wechselte sie mehrfach den Besitzer und rottete in Panama vor sich hin, bis ein Konsortium aus Hamburger Kaufleuten vor einigen Jahren das abgetakelte Teil kaufte, erneut in Kiel generalüberholen ließ, in »Sea Cloud« umbenannte und seitdem für Luxuskreuzfahrten einsetzte.

»Wow«, sagte ich, und mehr fiel mir in diesem Augenblick auch nicht dazu ein.

Ich erfuhr noch, dass auf der »Sea Cloud« Platz war für siebzig Passagiere, die für eine einwöchige Reise durch die Ägäis, zu den Kanarischen Inseln oder durch die Karibik deutlich mehr Geld bezahlten als ich neulich für meinen gebrauchten dunkelgrünen Golf GTI mit Treser-Heckleuchten und Alpine-Anlage – den musste ich mir kaufen, nachdem mein alter Golf den Geist aufgegeben hatte. An Bord gab es nur das Beste vom Besten, und im weiteren Verlauf des Gesprächs stellte sich heraus, dass die Reederei für die kommende Saison einen Sous-Chef für die Bordküche suchte und Hajos Vater mir diesen Job mehr oder weniger anbot. Ich dachte zuerst an einen Scherz, aber er wollte mich allen Ernstes vermitteln, um mich zum stellvertretenden Küchenchef auf einem der exklusivsten Kreuzfahrtschiffe der Welt zu machen. Das glaubte einem doch keiner.

Bevor es so weit war, musste ich natürlich noch meine beruflichen Angelegenheiten bei der Bundeswehr klären. Wie gesagt, hier erfuhr ich eine erstaunliche Wertschätzung, die mir sehr guttat: Ursprünglich wollten meine Vorgesetzten mindestens weitere zwei Jahre mit mir verlängern. Sie waren mit meiner Arbeit im Casino der Caspari-Kaserne sehr zufrieden, und kürzer ging es damals beim deutschen Militär nicht. Das aber hätte für mich bedeutet, dass die »Sea Cloud« in diesem Jahr ohne mich ablegen würde – und ob mich die Verantwortlichen danach noch brauchten, stand in den Sternen. Vermutlich schipperte dann ein anderer Sous-Chef auf den sieben Meeren umher und genoss das Abenteuer seines Lebens. Und Delmenhorst sofort zu verlassen, kam für mich nicht infrage.

»Machen wir es so, Obergefreiter Rosin«, hatte der für mich zuständige Offizier gesagt. »Sie verlängern bei uns um ein Jahr, das bekomme ich für Sie hin. Das arbeiten Sie durch, nehmen Ihren Resturlaub – und dann gehen Sie auf dieses Schiff, wenn Sie unbedingt meinen. Aber ich lasse Sie nur ungern gehen.«

Das war ein Wort. Ich freute mich wie Bolle über diese Ausnahmeregelung, die für eine Organisation wie die Bundeswehr alles andere als selbstverständlich war. In den folgenden Monaten ackerte ich wie ein Pferd, um keine Ausfallzeiten zu haben, die mir noch einen Strich durch die Rechnung machen konnten. Ich kündigte bei der »Baldeneyer Fähre« und fuhr die Einsätze bei Hajos Eltern auf Wangerooge zurück. Am Ende ging alles glatt: Durch die Dienstzeitverlängerung konnte ich sogar einen weiteren Dienstgrad aufrücken und verließ den Bund pünktlich zur Einschiffung als Hauptgefreiter. Kurz darauf marschierte ich fröhlich aus der Ankunftshalle des Athener Flughafens, mit einer großen Reisetasche über der Schulter, einer Sonnenbrille im Gesicht und jeder Menge Vorfreude im Bauch.

Die »Sea Cloud« lag im Hafen von Piräus vor Anker. Von dort aus sollte sie zu ihrer nächsten Kreuzfahrt ablegen. Bereits als ich das

Schiff von Weitem sah, musste ich ganz tief Luft holen. Im Original sah es natürlich noch viel atemberaubender aus als auf dem Foto, das ich vor einem Jahr auf Wangerooge gezeigt bekommen hatte. Ich konnte nicht glauben, dass ich ab sofort ein Teil der Besatzung dieser weltberühmten Ikone sein würde. Ehrfürchtig und aufgeregt lief ich über das Deck, suchte den fürs Personal zuständigen Crew-Mitarbeiter und stellte mich ihm artig vor.

»Welcome on board«, sagte der Mann freundlich zu mir und brachte mich zu meiner Kabine. Auf dem Weg dorthin sah ich mich überall um und stellte mir vor, wie großartig es sich doch anfühlen musste, hier auf hoher See einen Sundowner zu sich zu nehmen und auf den Horizont zu blicken, bevor man sich nachts in sein Himmelbett fallen ließ und einen die ruhige Bewegung des Wassers friedlich in den Schlaf schaukelte. Wir gingen auf einer engen Treppe immer weiter nach unten, bis wir an einer kleinen Tür ankamen.

»So here's your cabin«, sagte der Mann und drehte sich um. Als ich sie betrat, wurde ich aus allen Träumen geholt. Und zwar volle Lotte.

Gegen dieses Kabuff kam mir unsere Stube in Delmenhorst wie eine Suite im Ritz vor. Auf höchstens zehn Quadratmetern waren drei Stockbetten untergebracht, die sich je zwei Besatzungsmitglieder teilen mussten. Für ausreichend Privatsphäre sollte offenbar ein dünnes Stofftuch sorgen, das oberhalb jedes Bettes an einer Metallstange angebracht war. Im Raum war es stockduster, denn ein Bullauge gab es nicht, weil diese Stelle des Rumpfes schon unter der Wasserlinie lag. Für ein bisschen Licht sorgte nur eine schwache Glühlampe an der Decke. Die Spinde waren ebenfalls winzig und vielleicht ausreichend für ein oder zwei Hosen und ein bisschen Unterwäsche.

Während ich mich fragte, wo wir unsere restlichen Sachen unterbringen sollten, entdeckte ich den nächsten Horror: den

Waschraum. Nicht dass ich besonders anspruchsvoll gewesen wäre. Auch bei der Bundeswehr war der Gang aufs Klo angesichts von fünfzehn oder zwanzig ohne Trennwände nebeneinanderliegenden Toiletten nichts, wofür man Vergnügungssteuer hätte bezahlen müssen. Aber wenigstens gab es dort ausreichend Möglichkeiten, sich zu waschen oder seine Notdurft zu verrichten. Hier standen genau ein WC und eine Dusche für zwanzig oder dreißig Leute zur Verfügung. Ich war geschockt. Aber nun war es zu spät. Ich musste das Ding irgendwie durchziehen.

Als die Passagiere an Bord und wir einige Stunden später ausgelaufen waren, fiel mir auf, dass ich meine Arbeitspapiere noch gar nicht unterschrieben hatte. Das war zwar nur eine Formsache, aber ich wollte, dass keine Irritationen entstehen. Ich hatte zwar per Post eine Bescheinigung für die Krankenkasse zugeschickt bekommen und auch einen Vertragsentwurf. Gegengezeichnet war der aber nicht. Das sollte erst direkt am Schiff erfolgen, hatte man mir erklärt. Nach dem Gespräch mit dem Personalchef, das schon auf hoher See stattfand, wusste ich dann auch, warum. Aus der zugesicherten Fünf-Tage-Woche wurde plötzlich eine Sieben-Tage-Woche, und von einem freien Tag war nicht mehr die Rede. Dafür stieg die ursprünglich avisierte Arbeitszeit von acht auf vierzehn Stunden pro Tag, und von meinem Lohn sollte ein Teil einbehalten und erst ausbezahlt werden, wenn der Vertrag erfüllt worden war. In Deutschland hätte ein solcher Vertrag nie Gültigkeit besessen, und inzwischen ist das mit den neuen Eignern auch komplett anders geregelt und vollkommen arbeitsrechtskonform. Damals aber ging das – erst recht, wenn die Zwölf-Meilen-Zone bereits überschritten war. Und mein Pass war beim Käpt'n hinterlegt. Ich saß fest.

Die öffentlichen Bereiche der »Sea Cloud« waren in der Tat ein wahr gewordener Traum: Das Schiff verfügte über ein elegantes Promenadendeck unterhalb der Brücke, auf dem man tagsüber in edlen Mahagonisesseln die Aussicht genießen und abends bei schönem Wetter und ruhiger See exquisite Spezialitäten wie Hummer, Languste oder Seezunge essen konnte. Ansonsten wurde im eichenholzvertäfelten Restaurant an langen Tafeln gespeist, während der Marmorkamin brannte, der dem Raum zusammen mit dem Ausblick auf das Wasser eine einzigartige Atmosphäre verlieh. Neben dem Speisesaal mit seinen schweren weißen Tischdecken und dem dunklen Teppichboden befand sich die Bibliothek, in der die Gäste in Hunderten Bildbänden stöbern oder einen Absacker an der Bar trinken konnten. Und später zog man sich in eine der luxuriösen Kabinen zurück, die alle im kolonialen Stil eingerichtet waren und teilweise sogar über begehbare Kleiderschränke und große Badewannen verfügten.

Auf den unteren Decks aber verwandelte sich diese mondäne Segel-Legende in einen düsteren Albtraum. Nicht nur an unserer Personalkajüte, sondern auch an der Küche hatten die Erbauer des Kahns jede Menge Platz gespart. Aufgrund ihrer Lage hatte sie natürlich ebenfalls keine Bullaugen oder gar Fenster. Da man deshalb naturgemäß eher schlecht lüften konnte, herrschte eine konstante Luftfeuchtigkeit knapp unterhalb eines tropischen Regenschauers. Dafür war es gut und gerne fünfzig Grad heiß, was mir allerdings irgendwann nicht mehr auffiel, weil ich mich so auf den Seegang konzentrieren musste, der hier unten noch viel krasser spürbar war als oben an Deck. An den ersten Tagen fühlte ich mich stetig wie nach zehn Achterbahnfahrten im Vollrausch auf der Cranger Kirmes und hatte Mühe, mich überhaupt auf den Beinen zu halten. Ständig war ich damit beschäftigt, mein Gewicht zu verlagern, damit ich nicht hinfiel. Noch mehr Mühe bereitete es nur, Töpfe, Pfannen und Geschirr unter Kontrolle zu halten und zu verhindern, dass uns das Essen um die Ohren flog.

Wir arbeiteten zu viert, dazu kam noch ein reiner Frühstückskoch. Abgesehen davon, dass es in dieser Personalstärke ein echter Irrsinn war, für siebzig anspruchsvolle Passagiere mehrere aufwendige Buffets pro Tag vorzubereiten, hätten gar nicht mehr Menschen in diese beengte Kombüse hineingepasst. Ich sprengte ohnehin den Rahmen, denn meine netten Kollegen stammten größtenteils von den Philippinen und waren mindestens einen Kopf kleiner als ich, was der Küchenbauer bei der Einrichtung berücksichtigt haben musste: Schon nach ein paar Stunden tat mir der Rücken weh, weil ich mich ständig nach irgendetwas bücken musste. Die anderen Jungs fanden das saukomisch, aber ich kam mir ein bisschen vor wie Rübezahl.

»Herr Kapitän, ich kann nicht mehr«, sagte ich ihm nach ein paar Wochen, als er mich auf der Brücke empfing. Ich war einiges gewohnt und schon aufgrund meiner bisherigen Erfahrungen ganz sicher niemand, der einfach aufgab. Aber das alles hier war selbst mir eine Nummer zu hart.

»Can you give me one good reason why you want to leave?«, fragte mich der Kapitän mit sanfter Stimme. Er war ein erfahrener Kapitän mit einer väterlichen Art, die nicht nur an seinem fortgeschrittenen Alter lag, sondern vermutlich auch daran, dass zu Hause in Massachusetts fünf Kinder auf ihn warteten. Eigentlich befand er sich schon im Ruhestand, bevor er auf der »Sea Cloud« anheuerte, die auch für ihn wohl ein Lebenstraum gewesen war. Zuvor war er dreißig Jahre als Ausbilder bei der amerikanischen Küstenwache im Einsatz gewesen. Ich mochte den Mann, aber das würde mir auf Dauer auch nicht weiterhelfen.

Die endlos langen Arbeitstage mit dem Stress, der Hitze und der Schaukelei brachten mich rein physisch an meine Grenzen. Und die kurzen Nächte mit fünf anderen, schnarchenden Leichtmatrosen trugen auch nicht zur Erholung bei. Stattdessen hatte ich ein immer stärkeres Gefühl, an akutem Sauerstoffmangel zu leiden, der mich langsam zu ersticken drohte. Für uns war es nicht möglich, mal einfach an Deck zu spazieren und sich in die frische Brise zu stellen, um mal wieder etwas Luft zu tanken. Das ging nur, wenn die Gäste mal wieder außen zu Abend aßen und wir Köche am Buffet standen, um sie zu bedienen. Unser täglicher Rhythmus bestand aus Schlafen, Arbeiten, Schlafen, Arbeiten und so weiter. Ich hatte Angst, die Bindung zum normalen sozialen Leben zu verlieren, wenn das so weiterging. Selbst der Kontakt nach Hause war ein Problem: Es gab nur ein Satellitentelefon. Ein Gespräch kostete mich beinahe den halben Monatslohn. Das konnte mich also auch nicht trösten.

Die Passagiere dabei zu beobachten, wie sie sich an den Ergebnissen unserer Tätigkeit erfreuten und ihr Dinner genossen, war auch so ziemlich das Einzige, was mich davon abhielt, einfach über die Reling zu springen. Die Stimmung beim Essen war immer entspannt und fröhlich, und wir erhielten meistens sehr positive Rückmeldungen. Das Publikum war total international, entsprechend weltoffen und kommunikativ war auch das Flair an Bord. In der Kombüse jedoch galt leider mal wieder das alte Prinzip, dass der Druck gern von oben nach unten weitergegeben wurde. Unser Küchenchef zum Beispiel pflegte immer erst gegen vierzehn Uhr seinen Dienst anzutreten. Wenn der Typ ausgeruht und ausgeschlafen angewackelt kam, hatte ich mit den Kollegen bereits das Mittagessen gekocht und seine Arbeit für später mit vorbereitet. Aufgrund der angespannten personellen Situation war eine solche Hierarchie eigentlich gar nicht möglich. Für den enormen Aufwand, den wir betrieben, wäre jede helfende Hand nötig gewesen.

Nachdem ich ihm meine Frustration erklärt hatte, kamen der Kapitän und ich überein, dass eine Weiterbeschäftigung auf der »Sea Cloud« für mich keinen Sinn mehr ergab. Er händigte mir meinen Reisepass aus und versprach mir, mich bei unserem nächsten Stopp auf Mykonos von Bord zu lassen. Vorher wollte er sich noch um einen Ersatzkoch bemühen. Kurz vor der Ankunft bekam ich mit, dass die Reederei keinen neuen Sous-Chef aufgetrieben hatte. Ich bekam Panik, nun doch nicht gehen zu dürfen. Unbemerkt von den anderen schlich ich mich mit meinem Gepäck an Deck und sprang hinüber auf den Kai, noch bevor die Trosse um den Poller gelegt worden war. Danach fuhr ich zum Flughafen und setzte mich dort zwölf Stunden lang auf den Boden. Ich wartete auf meinen Flug, der mich zurück nach Hause bringen sollte.

Nachdem ich in Düsseldorf gelandet war und in die Ankunftshalle kam, sah ich: niemanden. Meine Mutter musste natürlich im Grill arbeiten, und meine Schwester hatte auch keine Zeit. Mein Vater aber, der mich eigentlich hätte abholen sollen, war einfach nicht da. Ich war hochgradig frustriert und von der Arbeit der vergangenen Jahre extrem geschlaucht. In diesem Moment kam mir Carol wieder in den Sinn. Wir schrieben uns noch immer, und sie hatte mir immer mal wieder halb ernst, halb scherzhaft angeboten, sie in Kalifornien zu besuchen. Sie wohnte allein in einem kleinen Häuschen in Laguna Beach. Es gab vermutlich schlechtere Orte auf der Welt, um mal auf andere Gedanken zu kommen.

»Hey, Frank! What a nice surprise«, rief sie ins Telefon, als ich sie noch von einer Telefonzelle am Flughafen aus anrief. Ich erklärte ihr kurz, warum ich meinen Job auf der »Sea Cloud« hingeschmissen hatte und nun dringend eine Auszeit brauchte.

»Just come over«, lachte sie. »I'm glad to see you again.«

Durch meine bisherigen Jobs hatte ich ordentlich Geld gespart, und auf dem Schiff konnte ich davon natürlich nichts ausgeben. Mein Ziel, mich irgendwann selbstständig zu machen, war natürlich noch vorhanden. Das war mir in diesem Augenblick allerdings schnuppe. Ich musste endlich mal raus. Ich ging wieder rein in die Halle und direkt zum Pan-Am-Schalter. Dort kaufte ich mir ein Ticket nach Los Angeles. Danach fuhr ich nach Polsum, um meine Klamotten zu waschen. Ein paar Tage später ging's los. Klein Frank machte sich zum ersten Mal in seinem Leben auf den Weg ins Land der unbegrenzten Möglichkeiten.

Kaum gelandet, saß ich in einem roten Pick-up neben Carol. Über uns brannte die kalifornische Sonne, und entlang des Pacific Coast Highway, der uns die knapp fünfzig Meilen vom L.A. International Airport nach Laguna bringen sollte, befanden sich all die Sehnsuchtsorte, die ich bisher nur vom Hörensagen kannte, wenn überhaupt: Long Beach, Huntington, Newport. Es fehlte eigentlich nur noch, dass im Hintergrund irgendwas von den Beach Boys lief. Aber Carol ließ das Autoradio aus und erzählte mir lieber, was hier alles so abging.

Laguna Beach war ein Städtchen mit rund zwanzigtausend Einwohnern, das sich mit seinen kleinen Giebeldachhäusern und den mächtigen Alleen noch einen recht dörflichen Charakter bewahrt hatte. Heute ist es ein Hotspot für viele reiche Menschen aus dem Großraum Los Angeles. Damals aber, gegen Ende der Achtziger- und Anfang der Neunzigerjahre, war der Ort vor allem eine Anlaufstelle für Künstler und Kreative aus aller Welt. Zu meinem Erstaunen traf ich hier auf sehr viele Landsleute: Fast jeder fünfte Einwohner stammte aus Deutschland. Viele Maler und Musiker waren darunter, aber auch zahlreiche Frauen, die gerade die Schule hinter sich hatten und nun als Au-pair bei amerikanischen Familien in der Gegend arbeiteten. Dazu gab es noch Franzosen, Engländer und Iren, was insgesamt eine witzige Mischung ergab. Tagsüber traf man sich am Strand, wo man gemeinsam abhing, ein paar Bierchen trank und den Surfern zusah. Nachts ging es dann nach Downtown, wo sich ein Lokal an das nächste reihte.

Für mich besonders beeindruckend war die hohe Anzahl junger Menschen. Für amerikanische Jugendliche gehörte es zum Pflichtprogramm, nach dem College ein Jahr ihres Lebens in Kalifornien zu verbringen und sich dort die Hörner abzustoßen. Viele der Jungs und Mädels, die ich dort traf, jobbten in einem der

Cafés und Restaurants und legten dann ihr Geld zusammen. Zu acht oder zu zehnt konnten sie sich so ein großes Haus leisten, das schon mal schlappe viertausend Dollar Miete im Monat kosten konnte. Und in den vornehmen Hütten, zu denen oft auch ein Pool gehörte, wurde reihum gefeiert, was das Zeug hielt. Kein Tag, an dem nicht irgendwo eine Party stattfand. Das musste ich erst mal sacken lassen. So heftig hatte ich das nicht erwartet.

An Thanksgiving, wo die Familien im herbstlichen Rest der USA bei Truthahn und Pumpkin Pie am Esstisch zusammensaßen und beteten, cruisten Carol und ich bei fünfundzwanzig Grad und wolkenlosem Himmel spontan und gemeinsam mit ein paar Freunden die Küste entlang nach Tijuana, jener mexikanischen Stadt direkt hinter der Grenze, die schon seinerzeit den Ruf besaß, einer der berüchtigtsten Schmelztiegel der Welt zu sein. Wir kamen an, stiegen aus und stolperten in die erstbeste Bar, die wir sahen. Danach feierten wir, als ob es kein Morgen gäbe. Ich konnte die Tequilas nicht mehr zählen, die wir uns gegenseitig ausgaben. Wir tanzten und lachten, bis die Sonne wieder aufging. Dann legten wir uns in den Wagen und schliefen eine Runde. Zumindest glaube ich, dass es so war: Genau erinnern kann ich mich wegen der vielen Shots nicht mehr.

Als wir völlig verkatert wieder zurück in Richtung Grenze fuhren, fiel mir siedend heiß ein, dass ich mit meinem läppischen Touristenvisum niemals hätte nach Mexiko einreisen dürfen. Wenn mich die US-Border-Protection jetzt auf dem Rückweg aus dem Auto zog, würde ich die nächsten Tage wahrscheinlich im Grenzgefängnis absitzen und anschließend nach Deutschland abgeschoben werden. Die Amis kannten da keine Gnade. Bei der Anfahrt auf die Grenzstation bekam ich zusätzlich zu meinen restalkoholbedingten Schweißausbrüchen eine leichte Panikattacke. Carol versuchte, mich zu beruhigen.

»Relax. It will be alright«, sagte sie nur. Die hatte echt die Ruhe weg.

»Are all inmates American citizens?«, fragte der Beamte streng und steckte seinen Kopf durch das Seitenfenster. Der Mann hatte auf diesem Posten zweifellos schon viel Elend gesehen, und die illegale Immigration aus Lateinamerika begann gerade zu einem größeren Problem für die USA zu werden. Ich duckte mich instinktiv ein Stück tiefer in den Sitz, was natürlich blanker Quatsch war, weil mich der Mann ja trotzdem bestens sehen konnte.

»Of course, Sir«, antwortete unser Fahrer, schob seine Sonnenbrille ins Haar und grinste den Zöllner an.

»Okay, folks. Go on«, sagte der Grenzer, und wir gaben Gas.

»Was hat er gefragt?«, wollte ich von Carol wissen, weil ich vor lauter Aufregung nicht mitbekommen hatte, worüber die Unterhaltung genau ging.

»Na, ob wir alle amerikanische Staatsbürger seien. Sind wir doch, oder?«, lachte sie, während wir zurück nach Laguna fuhren.

Über eine gefälschte Sozialversicherungskarte, die mir einer unserer Bekannten ebenfalls in Mexiko organisiert hatte, arbeitete ich nach ein paar Wochen Dauerparty tagsüber in einem kleinen Hotel als Aushilfskoch. Ich hatte mich mit dem Ausweis beim Betreiber vorgestellt, und damit war für ihn die Sache in Ordnung. Vermutlich ahnte er sogar, dass das Ding nicht echt war. Aber das mit den Fake-Karten machten hier viele Ausländer, die sich während ihres Aufenthalts ein paar Dollar nebenbei verdienen wollten. Die Sache hatte nur einen Haken: Wenn plötzlich eine offizielle Kontrolle auf der Matte stand und von allen Mitarbeitern die Versicherungsnummern notierte, war klar, dass man am nächsten Tag nicht mehr zur Arbeit zu kommen brauchte. Man war aufgeflogen. Es konnte gut sein, dass entweder der Boss auf hundertachtzig war oder die Behörden auf einen warteten oder beides.

Was ich aus fachlicher Sicht spannend fand, war die im Vergleich zu Deutschland komplett andere Herangehensweise, die man hier dem Gast gegenüber an den Tag legte: In jedem Restaurant hing ein Schild mit der Aufschrift »Please wait to be seated«, und es verstand sich von selbst, dass man dieser Anweisung Folge leistete. Wenn man gegessen und getrunken hatte, bekam man höflich die Rechnung serviert und musste den Platz räumen. Undenkbar, dass wie in der »Waldschenke« manche Gäste fünf Stunden sitzen blieben, sich an einem schalen Pils festklammerten und am Ende des Tages einen Umsatz von nicht mal zehn Mark generierten. Da hatten wir in Deutschland noch einen weiten Weg vor uns.

Vor Dienstbeginn trank ich meinen Morgenkaffee gerne im lokalen Hare-Krishna-Café. Diese orangen Freaks waren zwar alle mehr als schräg drauf mit ihren Ketten, Trommeln und Tambourins, aber es herrschte immer eine sehr fröhliche Stimmung bei ihnen. Außerdem, und das war das Hauptargument, kostete der Becher Kaffee nur einen Dollar. Fast jeden Morgen joggte außerdem Bette Midler vorbei. Sie wohnte in einer Villa auf einem riesigen Grundstück oberhalb des Victoria Beach und war damit auch Eigentümerin des Wahrzeichens dieser Stadt: eines alten Piratenturms, in dem eigentlich nur eine Wendeltreppe untergebracht war, auf der man hinunter zum Strand gehen konnte, ohne einen Umweg zu laufen. Der Turm war die perfekte romantische Kulisse für die Dorfjugend zum Knutschen. Miss Midler ließ die Liebespaare auf ihrem Areal großzügig gewähren.

Abends, wenn ich mit meiner Schicht fertig war, traf ich oft auf einen anderen Promi, der auf einen schnellen Drink in der Hotelbar vorbeischaute, seit er vor Kurzem für sich und seine Frau in der Nachbarschaft ein Haus gekauft hatte. Am Anfang kam ich ums Verrecken nicht auf den Namen. Sein Gesicht kam mir zwar bekannt vor, aber irgendetwas fehlte, damit ich ihn identifizieren konnte. Nach kurzer Zeit fiel der Groschen: Es war Robert Englund, der einige Jahre zuvor als Freddy Krueger im Horrorfilm-Klassiker »A Nightmare on Elm Street« zum Weltstar wurde – nur dass er bei uns ohne seine Narbenmaske, den rot-grün gestreiften Pullover und die Klingenhandschuhe einkehrte. Es war schon ein illustres Örtchen, in dem ich da gelandet war.

Nur mit Carol wurde es langsam anstrengend. Ich mochte sie wirklich sehr, aber für mehr war ich nicht zu haben. Sie hatte vermutlich geglaubt, dass ich in erster Linie wegen ihr in die USA gekommen war, was aber nicht stimmte. Ich fand es cool, dass sie mich bei sich aufnahm und mich in ihren Freundeskreis integrierte. Aber ich wollte vor allem raus aus dem Irrsinn der vergangenen Zeit und endlich etwas von der Welt sehen. Zumindest etwas, das sich nicht wie die Bordküche der »Sea Cloud« ein paar Meter unter Wasser befand und anfühlte wie eine Dampfsauna mit eingebautem Herd, Kühlschrank und Backofen. Zwischen uns beiden funkte es einfach nicht, jedenfalls nicht von meiner Seite. Und in dieser Hinsicht bin ich echt altmodisch: Wenn ich keine

Schmetterlinge spüre, dann läuft auch nichts, so leid es mir tat. Als Carol eines Nachts in meinem Zimmer stand, wusste ich, dass es vorbei war. Unsere Freundschaft würde nicht mehr funktionieren, wenn bei einem von uns Gefühle im Spiel waren. Außerdem hatte ich noch ein ganz anderes Problem: Ich war pleite.

»Frank, die Bank hat bei mir angerufen«, sagte meine Mutter am Telefon bei einem unserer wöchentlichen Telefonate. »Du hast dein Konto total überzogen. Am besten, du kommst sofort nach Hause.«

Trotz meines Jobs im Hotel hatte ich in den vergangenen sechs Monaten, die ich hier verbrachte, sehr gut gelebt, zudem war Laguna Beach nicht das billigste Pflaster in Kalifornien. Hier mal eine Runde ausgegeben, da mal ein Essen bezahlt. Klamotten, Cocktails, Sprit fürs Auto: Das Geld ging einfach raus, ohne dass ich es groß bemerkte. Vor meinem Segeltörn hatte ich, um überall auf der Welt bezahlen zu können, eine AmEx beantragt, was damals noch eine absolute Seltenheit war. Ich fand zwar schnell heraus, was man mit einer Kreditkarte alles anstellen konnte. Aber irgendwann verlor ich den Überblick.

Meine Ersparnisse vom Bund hatten sich nicht nur in Luft aufgelöst. Ich war mit zwanzigtausend Mark im Minus. Nach dem Stress der letzten Jahre hatte ich mir etwas Dolce Vita sicherlich verdient. Das jedoch war natürlich ganz großer Mist. Meine Mutter hatte recht damit, dass ich nun besser meine Zelte in Amerika abbrach. Zwischen Carol und mir herrschte inzwischen eh Funkstille. Deshalb kaufte ich mir ein Flugticket, verabschiedete mich von unserer Clique und machte mich auf den Weg zurück nach Deutschland. Zuvor hatte mir meine Mutter noch etwas mitgeteilt, das mich neugierig machte und mir den Abschied vom süßen kalifornischen Leben etwas erleichterte.

»Übrigens hab ich erfahren, dass bei uns um die Ecke eine Gaststätte frei wird. Guck dir das mal an, wenn du wieder hier bist. Klingt ganz vielversprechend.«

Als ich im Flieger saß, malte ich mir die schönsten Bilder aus. Gut: Dorsten-Wulfen, wo sich das Lokal befinden sollte, war nicht gerade Laguna Beach. Und auch die Eindrücke von den Reisezielen der »Sea Cloud« konnte ich wahrscheinlich nicht in die Hervester Straße übertragen. Aber ich war mir sicher, dass sich aus dem Laden einiges herausholen ließ, sodass ich das Ding innerhalb kürzester Zeit zu einer Mega-Adresse für die gesamte Umgebung formen könnte. Ich würde all meine bisherigen Erfahrungen einbringen und dem Ganzen internationales Flair verleihen. Mit diesen Gedanken schlief ich über dem Atlantik ein. Wenn ich gewusst hätte, was mich ein paar Tage später erwarten würde, hätte ich keine einzige Sekunde geschlafen. Stattdessen wäre ich vermutlich am Düsseldorfer Flughafen in den nächstbesten Jet nach Timbuktu oder Nepal eingestiegen. Und zwar mit einem One-Way-Ticket.

4

Wulfen, Mallorca und der FC Schalke – Meine Abenteuer als junger Gastronom

»Sag mal, hast du noch alle Tassen im Schrank?«, fragte ich meine Mutter, als wir vor dem Schuppen standen, über dem ein Schild mit der Aufschrift »Café-Restaurant Kintrup« angebracht war.

Was ist das denn für ein Laden, dachte ich. Das Objekt lag direkt an einer breiten Hauptstraße. Vor dem Haus parkten ein paar Autos, und im Innenhof standen die Mülltonnen kreuz und quer. Das Gebäude bestand aus roten Klinkersteinen und hatte dunkle Fenster mit altmodischen Butzenscheiben drin. Über der Gaststätte waren Wohnungen untergebracht, schräg gegenüber befand sich eine Kfz-Werkstatt und nebenan eine Niederlassung der Sparkasse Vest-Recklinghausen. Etwas weiter vorn in der Hervester Straße lag ein Friseursalon, und wenn man in der anderen Richtung weiter ortsauswärts über die Lippe fuhr, kam noch ein Opel-Autohaus. Das war's. Mehr Provinz ging nicht. Wenn ich den Pachtvertrag für dieses Teil unterschreiben würde, wäre mein Leben im selben Augenblick vorbei.

Mama war deutlich zuversichtlicher. Ich weiß bis heute nicht, was sie an dieser Location ansprechend fand, aber sie war immer schon in der Lage gewesen, vom Ende her zu denken. Ich dagegen spürte noch die kalifornische Sonne in meinem Gesicht, erinnerte mich wehmütig an die Straßencafés mit all den verrückten Leuten in Laguna oder dachte an die schneeweißen Tavernen, die dicht an dicht in den Hafenstädtchen der Ägais standen und in denen die Urlauber mit Blick auf das Meer Wein und Meeresfrüchte genossen. Von alldem war ich in Wulfen weiter entfernt als die Erde vom Mars. Selbst die »Badeneyer Fähre« kam im Vergleich dazu wie das »Café del Mar« daher.

»Lass uns doch erst mal reingehen«, drängte meine Mutter. Innen wartete jedoch der nächste schlechte Eindruck, zusammen mit dem Vorpächter und dem Hausbesitzer. Wie zu erwarten, war die Gaststube voll mit dunklem Holz, beigen Wänden, aus der Zeit gefallenen Keramiklämpchen und verstaubtem Kitsch, der überall herumstand. Wenn man für den nächsten Schimanski-Tatort eine perfekte Kulisse für eine schummrige Kaschemme gebraucht hätte, wäre man hier garantiert fündig geworden. Nach einem ebenso ernüchternden Rundgang durch die veralteten Lagerräume und die abgewirtschaftete Küche setzten wir uns gemeinsam an einen Tisch. Mutter wollte sich das Angebot unbedingt anhören, obwohl ich gedanklich längst abgeschaltet hatte.

»Die Ablöse beträgt hundertvierzigtausend Mark«, sagte der Vorbesitzer, der das Lokal viele Jahre lang mit seiner Frau geführt hatte und jetzt aus Altersgründen aufhörte. Er machte nicht den Eindruck, als ließe er sich noch herunterhandeln. Abgesehen davon, dass mich das alles hier sowieso nicht interessierte, war die Summe vollkommen illusorisch, zumal mit meinen frischen Schulden an der Backe.

Bevor ich etwas dazu sagen konnte, nahm mich meine Mutter beiseite und machte mir Mut. Sie erklärte mir, dass es im »Kintrup« viele Stammgäste gab und die Lage unmittelbar an der Ausfallstraße in Richtung Gelsenkirchen vielleicht nicht besonders idyllisch, aber dafür geschäftsfreundlich war. Sie war überzeugt davon, dass wir mit etwas Geschick auch zusätzliche Kundschaft aus dem Ruhrgebiet anzogen, wenn sich erst mal herumsprach, dass man hier gut essen konnte. Vermutlich lag sie sogar richtig, aber ich konnte mir beim besten Willen nicht vorstellen, hier meine gastronomische Laufbahn fortzusetzen. Immerhin schien der Besitzer ein sehr freundlicher Mann zu sein. Er wirkte nicht ganz so verbissen wie der bisherige Pächter, hatte uns auch faire Mietbedingungen genannt und deutete an, mit Herrn Kintrup noch mal über den Preis zu sprechen. Danach verabschiedeten wir uns.

Am Abend dachte ich über alles nach. Ich mochte die Gaststätte nicht, so viel stand fest. Die Alternative war, erneut irgendwo als angestellter Koch vor allem für das Einkommen eines anderen zu malochen – oder im Imbiss meiner Mutter mitzuhelfen und die kommenden Jahre die Currysoße meiner Tante anzurühren. Wir diskutierten noch lange miteinander, und schließlich ließ ich mich von Mama überzeugen. Wir würden zwar eine Menge umbauen und nach und nach ein anderes Erscheinungsbild schaffen müssen. Aber ich wollte es zumindest versuchen – auch ein bisschen ihr zuliebe. Allerdings war klar, dass wir keine hundertvierzigtausend Mark aufbringen konnten. Ich musste pokern, sonst hatte sich die Übernahme des »Café-Restaurant Kintrup« definitiv erledigt.

Einige Tage später hatten wir einen Folgetermin mit allen Beteiligten ausgemacht. Wir saßen erneut in der finsteren Gaststube auf den durchgesessenen braun-grün gestreiften Stühlen und sprachen über die Ablöse, die der alte Kintrup aufgerufen hatte.

»Haben Sie es sich überlegt?«, fragte er.

»Ja«, antwortete ich. »Ich mach's. Aber ich habe nur siebzigtausend.«

»Tja«, sagte Herr Kintrup. »Dann auf Wiedersehen.«

»Gut, dann auf Wiedersehen«, sagte ich und ging zusammen mit meiner Mutter zur Tür. Aus dem Augenwinkel beobachtete ich, wie der Hausbesitzer auf den Wirt einredete. Als wir bereits auf dem Bürgersteig angekommen waren und gerade ins Auto steigen wollten, kamen uns beide Männer hinterher.

»Siebzigtausend geht in Ordnung«, erklärte der Eigentümer und streckte mir seine Hand entgegen. Ich schlug ein. Damit war ich nun neuer Pächter einer Gaststätte, die ich nicht mochte, und hatte einen Schuldenberg von neunzigtausend Mark. Diese Summe stellte mir die Bank als Finanzierung über zehn Jahre zur Verfügung, mit fast zehn Prozent Zinsen wie damals üblich. Damit war mein Konto wieder ausgeglichen und Herr Kintrup ausbezahlt. Mit Investitionen in Einrichtung und Infrastruktur des Restaurants sah es allerdings zappenduster aus. Ich musste erst mal gucken, dass ich meinen täglichen Betrieb aufrechterhalten konnte, so knapp war ich bei Kasse. Schon die Pacht von zweieinhalbtausend Mark im Monat war eine Herausforderung – dafür musste man eine ganze Menge Schnitzel verkaufen. Das konnte echt heiter werden. Zumal ich zunächst gar nicht wusste, wie ich dem Ding meinen eigenen Stempel aufdrücken konnte, ohne auch nur einen einzigen Pfennig in die Hand nehmen zu können. Ich wusste nur, dass ich ein guter Gastgeber war. Am 28. Februar 1991 sperrte ich auf.

Als ersten Schritt benannte ich das »Café-Restaurant Kintrup« in »Café-Restaurant Rosin« um. Das war nicht gerade besonders innovativ, aber zumindest wurde so schon mal deutlich, dass hier ein neuer Zampano am Werk war. Außerdem war es gern gesehen, nach dem Mittagstisch für die Geschäftsleute und Arbeiter des Ortes zwischen vierzehn und siebzehn Uhr Kaffee und selbst gebackenen Kuchen für die etwas ältere Klientel anzubieten, was ich natürlich machte. Danach begann das Abendgeschäft. Das bedeutete alles in allem, dass ich mindestens vierzehn Stunden täglich auf den Beinen sein würde. Aber scheißegal – wir mussten jetzt Vollgas geben. Sonst würde das nix.

Am Eröffnungsabend hatten meine Mutter und ich alles akribisch vorbereitet. Wir hatten sogar das Geschirr zwei oder drei Mal gespült, um auf Nummer sicher zu gehen. Die Vorratskammer war voll und die Speisekarte, die noch weitgehend der von meinem Vorgänger glich, vorgekocht. Rein organisatorisch hätte ich gleich die Fischer-Chöre bewirten können. Aber es hatten sich nur einige Bekannte angekündigt sowie ein paar Leute, die dem jungen Nachfolger ihres Stammwirts mal auf den Zahn fühlen wollten. Ich schaute von der Küche in den Gastraum. Alles sah ordentlich aus. Die Kerzen brannten, ich hatte mich richtig schick gemacht und fühlte mich supergut präpariert. Dann fing ich an zu heulen. Das ging einige Male so. Immer wieder wurde ich übermannt.

Als frischgebackener Restaurantbesitzer

»Das wird schon. Wirst sehen«, sagte Mama nur und drückte mich kurz an sich. »Und jetzt los. Die Gäste kommen.«

Nachdem die ersten Leute Platz genommen hatten, nahm ich mit zitternden Händen meine allerallererste Bestellung im eigenen Laden entgegen. Ich werde den feierlichen, großartigen, überwältigenden Moment nie vergessen, als ein älterer Herr zu mir sagte: »Ich hätte gern erst mal die Zwiebelsuppe.«

Mein Herz rutschte in die Hose. Die gab es gar nicht! Ich hatte an alles gedacht, nur an die beschissene Französische Zwiebelsuppe nicht, die in den Achtziger- und Neunzigerjahren wie in wahrscheinlich jedem deutschen Lokal mit gutbürgerlicher Küche auch bei mir im Angebot war. Um mir die Vollblamage zu ersparen, blieb mir nichts anderes übrig, als sie schnellstmöglich zuzubereiten. Das Problem war nur, dass eine solche Suppe mindestens eine Stunde vor sich hin köcheln musste, sonst konnte man eigentlich auch Spülwasser servieren. Eine Stunde wollte ich an meinem Premierentag aber niemanden auf seine Vorspeise warten lassen, also half ich mit ordentlich Weißwein nach und sparte nicht am Käse. Da sich der Mann später beim Zahlen nicht beschwerte, ging ich davon aus, dass alles gepasst hatte. Aber das ging ja gut los. Und es sollte nicht die einzige Panne bleiben.

Kurze Zeit später feierte eine gut betuchte Wulfenerin bei mir ihren siebzigsten Geburtstag. Bei der Vorbesprechung machte sie mir schnell klar, dass sie meine Kochkünste an ihrem Ehrentag nicht in Anspruch zu nehmen gedachte. Stattdessen ging sie aus ihrer Sicht wohl auf Nummer sicher und plante, ihren Freundinnen ein opulentes Käsebuffet zu spendieren. Ich wollte die Dame nicht verprellen und legte mich richtig ins Zeug. Bei Rewe Feldmann kaufte ich die halbe Käsetheke leer und klapperte auch ansonsten alle Feinkosthändler in der Umgebung ab, um neben Camembert, Emmentaler und Gouda auch möglichst ausgefallene Sorten präsentieren zu können. Leider weihte ich meinen Beikoch Fred nicht in die Ergebnisse meines Kaufrauschs ein.

Fred war ein absolutes Unikat: klein, rund und eigentlich immer gut gelaunt. Aus irgendeinem mir nicht ersichtlichen Grund nannte er mich »Herr Müntefering«. Ich fand nicht, dass ich irgendeine Ähnlichkeit besaß mit dem SPD-Politiker, der gerade in NRW Arbeitsminister unter Ministerpräsident Johannes Rau geworden war. Außerdem war ich über fünfundzwanzig Jahre jünger. Aber nun gut – ich ließ ihm seinen Spaß.

»Du stellst dich später für die Ladys ans Buffet und servierst den Käse anständig«, ordnete ich an. »Ich muss mich währenddessen um den Rest kümmern.«

»Geht klar, Herr Müntefering«, lachte er. »Wird sicher ein netter Abend.« Freds gute Stimmung hielt allerdings nur bis zu dem Moment, an dem ihn die erste Nachfrage seitens der Kundschaft ereilte. Also ungefähr eine Minute.

»Entschuldigen Sie, was ist denn das? Der sieht ja ganz hervorragend aus«, fragte eine der Frauen voller Vorfreude und guckte Fred erwartungsvoll an.

Ich stand ein paar Meter hinter ihm und wusste, dass der arme Kerl keine Ahnung hatte, was da alles vor ihm unter der Glocke lag. An seinen Augen erkannte ich, dass er kurz vor einer totalen Panikattacke stand.

»Das, äh, das ist ein, also, das ist ein ›Bonjour d'amour‹«, stammelte er und blickte Hilfe suchend zu mir nach hinten.

»Interessant. Und das da?«, fragte die Frau weiter.

»Das? Ach, das, das müsste, äh, das ist ein ›Tête de Neuf‹.«

Ich machte mir fast in die Hosen und wäre am liebsten schreiend aus dem Raum rausgerannt. Das ging aber nicht, weil im Gang gerade lauter Leute standen und sich miteinander unterhielten.

»Und woher stammt dieser da?«, ging die Fragerunde weiter.

»Sie meinen den, äh, den ›Château de la nuit‹? Na, der ist aus der Provence«, log Fred und glühte wie ein Vulkan.

In diesem Moment konnte ich nicht mehr. Ich prustete laut los, bis ich fast keine Luft mehr bekam. Die Damen der Geburtstagstafel schauten mich etwas pikiert an, aber weil ich nicht mehr aufhören konnte, lachten bis auf Fred die meisten irgendwann mit. Sie hatten mit Sicherheit keine Ahnung, warum ich mich so beömmelte.

Diesen ganz besonderen Käse werde ich nie vergessen. Das gilt auch für den Tag, an dem ich meinen ersten großen Außer-Haus-Auftrag bekam. Zu unseren Gästen gehörten auch die Schmitzens, eine ganz pingelige Familie, die immer am Tisch saß, als hätten sie alle gerade einen Stock verschluckt. Sie unterhielten sich miteinander im Flüsterton, tupften sich affektiert jeden einzelnen Krümel vom Mund und wirkten, als sei das Spaßlevel in ihrem Leben deutlich unter null. Trotzdem war es wichtig, auch solche Leutchen bei Laune zu halten, selbst wenn die per se eben vorwiegend mies war. Nach einem der Besuche in meinem Restaurant nahm mich der Vater beiseite.

»Am Ostersonntag wollen wir ausnahmsweise bei uns zu Hause essen. Es kommt Verwandtschaft, die ist nicht gut zu Fuß. Bekommen Sie das hin?«, fragte Herr Schmitz.

»Klar«, sagte ich und ließ mir nicht anmerken, dass ich genervt war, weil das natürlich einen erheblichen Mehraufwand bedeutete.

»Keine Sorge. Ich mach das, Herr Müntefering«, rief Fred wie aus der Pistole geschossen, nachdem ich meiner Mannschaft mein Leid geklagt hatte. Also packten wir am Sonntagmittag unseren kleinen Lieferwagen voll, Fred setzte sich ans Steuer und fuhr los. Eine halbe Stunde später läutete das Telefon im vollbesetzten Lokal.

»Hier Schmitz. Wo bleiben Sie denn?«, hörte ich einen aufgebrachten Herrn am anderen Ende der Leitung schimpfen.

Ich hatte keinen Schimmer, wo Fred abgeblieben war. Eigentlich sollte er längst dort sein. Die Strecke war in zehn Minuten locker zu schaffen.

»Mein Mitarbeiter ist unterwegs«, antwortete ich wahrheitsgemäß und machte mir mittelschwere Sorgen. Dass die vollkommen berechtigt waren, erfuhr ich eine weitere halbe Stunde später, als Fred etwas derangiert wieder bei mir auf der Matte stand.

»Ich hatte einen kleinen Unfall, Herr Müntefering«, sagte er kleinlaut zu mir.

»Um Himmels willen! Was ist denn passiert?«, fragte ich und ging mit ihm vor die Tür, wo der Lieferwagen parkte. Ich bemerkte, dass die Stoßstange etwas verbeult und ein Blinker zerbrochen war. Außerdem war der ganze Kühlergrill voller Erde. Ansonsten aber schien es noch glimpflich ausgegangen zu sein.

»Die Kurve«, sagte Fred. »Diese blöde Kurve. Ich bin voll in den Graben gefahren.«

»Macht doch nix«, sagte ich und dachte daran, dass der Schaden nicht der Rede wert war.

»Aber das Essen. Das schöne Essen«, stammelte Fred.

Und dann erzählte er mir, dass er sich nach dem Malheur vor lauter Pflichtbewusstsein an die Straße gestellt hatte, um das nächstbeste Auto anzuhalten und den Fahrer zu bitten, ihn mit einem Abschleppseil aus dem Graben zu ziehen. Anstatt sofort ins Lokal zurückzukommen, war er weitergefahren zu Familie Schmitz, hatte die Heckklappe geöffnet und versucht, aus dem Durcheinander von Töpfen, Schüsseln und Essen noch irgendwie etwas Essbares auszuhändigen. Das war nach dem Aufprall natürlich unmöglich. Teilweise war das Zeug ausgelaufen, die Kartoffeln lagen lose im Laderaum herum, und der Braten hatte sich mit dem Salat vereinigt: So einen Mist wollten die Schmitzens selbstverständlich nicht mehr haben. Sie schmissen Fred hochkant raus und kamen danach nie wieder zu uns. Das mit dem Catering mussten wir auf jeden Fall noch etwas üben.

Überall im Einsatz – meine Mutter

Damit ich nicht noch öfter absoff, kam meine Mutter immer häufiger vom Imbiss in Hervest herübergefahren und half im Service aus, für den wir außerdem einige Aushilfen von den Kintrups übernommen hatten. Meine Mutter verwaltete auch die Buchhaltung und war zudem in der Küche praktisch so etwas wie der »Tournant« – also überall dort im Einsatz, wo sie gerade gebraucht wurde. Ohne sie hätte ich nach vier Wochen wieder zusperren können. Zur weiteren Unterstützung hatte ich neben Fred noch Jacques engagiert. Er war der französische Schwiegersohn von

Rita, die mir damals ihre Autoschlüssel in die Hand gedrückt hatte, damit ich mir nach dem Suppen-Desaster im Krankenhaus meine Brandwunden versorgen ließ. Jacques nahm mir ein paar Tätigkeiten in der Küche ab, sodass ich mich wenigstens ab und zu draußen bei den Gästen blicken lassen konnte. Mir war klar, dass ich erst recht keine Chance hatte, wenn ich nicht wenigstens ab und zu meine Stärken ausspielte.

Kulinarisch war das nicht möglich. Die Stammgäste mochten Kintrups gutbürgerliche Karte. Auch die Konkurrenz vor Ort setzte ganz auf Schnitzel, Roulade und Fischfilet am Freitag. Ich bot Schweinelendchen mit Bandnudeln und Käsesoße an, Geschnetzeltes mit Gemüserösti und als Dessert gebackenes Eis mit Obstsalat, um die Leute nicht völlig zu überfordern. Für mich war zu Beginn nur wichtig, irgendwie zu überleben. Mein Pachtvertrag lief über zehn Jahre. Angesichts dessen, dass ich seit dem Beginn meiner Lehre überhaupt erst knapp acht Jahre in der Gastronomie tätig und gerade fünfundzwanzig geworden war, grenzte diese Laufzeit an eine mittelschwere Geisteskrankheit.

Es war ja durchaus denkbar, dass ich in den kommenden zwei, drei Jahren das Lokal komplett an die Wand fuhr und sich meine Schulden bis dahin verdoppelten. Dann wäre meine Karriere als selbstständiger Unternehmer beendet gewesen, bevor sie überhaupt begonnen hatte – und ich hätte den Rest meines Lebens mein eigenes Versagen abbezahlt. Das hätte ich mir nie verziehen. Und mein Vater mir auch nicht, obwohl oder gerade weil sein Betrieb zuvor den Bach runtergegangen war. Unser schwieriges Verhältnis zueinander stachelte mich wenigstens an. Er war, freundlich formuliert, sehr skeptisch, was die Übernahme des Ladens betraf. Das teilte er mir am Abend vor der Eröffnung unmissverständlich mit. Ich musste es schaffen, mit meinem Restaurant Erfolg zu haben. Schon allein, um es ihm zu beweisen.

Nach der Anfangszeit bekam ich immer häufiger unbeabsichtigt den Ruf als Enfant terrible der Wulfener Gastro-Szene, was jedoch vor allem an meinem Alter lag. Dass ich noch nicht mal dreißig Lenze zählte, war kein Verdienst, aber auch kein Makel. Doch auch mein Personal fand es manchmal komisch, dass ich als junger Kerl, der erst kürzlich von einem halben Jahr »Easy Living« am Strand zurückgekommen war, naturgemäß eine andere Ansprache verwendete als die alten Knochen, die sie zuvor kennengelernt hatten. Ich hatte ebenfalls lange genug mitbekommen, welcher unschöne Ton hinter den Kulissen vieler Küchen und Gasträume des Landes herrschte. Und so führte meine eher kumpelhafte Herangehensweise öfter mal dazu, dass ich nicht ernst genommen wurde.

»Ja, ja, Chef, alles klar«, hieß es dann, wenn ich einem der Kellner eine Anweisung gab, wie er beispielsweise den Tisch meiner Ansicht nach zu decken hatte. Diese Antwort war im Grunde gleichbedeutend mit: »Leck mich am Arsch, Alter. Ich mach das genauso, wie ich es auch die letzten dreißig Jahre gemacht habe.«

Das konnte ich mir auf Dauer nicht gefallen lassen. Dennoch wollte ich auf keinen Fall derselbe autoritäre Despot sein, wie es meine Vorgesetzten oft gewesen waren. Ich brauchte eine Mischung aus liebevoller Strenge und Motivation zur Eigenverantwortung, damit sich meine Leute geführt und wertgeschätzt gleichermaßen fühlten. Eine solche Einstellung war überall in der Branche Mangelware. Und bis dahin würde ich einen langen und beschwerlichen Weg gehen müssen. Das lernte man nicht von heute auf morgen. Zumal ich trotz der Unterstützung meiner Mutter wirtschaftlich enorm unter Druck stand.

Selbstverständlich gab es zu Beginn immer wieder Durststrecken. Das Kaffeegeschäft lohnte sich hinten und vorne nicht. Für manchmal gerade mal dreißig oder vierzig Mark Umsatz musste ich nicht nur in der Nacht vorher den Konditormeister in mir wecken. Ich stand auch drei Stunden zusätzlich im Laden, während deren ich mich um kaum etwas anderes kümmern konnte. Und mittags und abends schmerzte jeder freie Tisch angesichts der vielen Miesen auf meinem Konto.

»Hoffentlich kommt heute jemand«, meinte Mama und zog die Stirn in Falten, wenn eine halbe Stunde nach Öffnung noch niemand im Gastraum Platz genommen hatte. Glücklicherweise war das aber die Ausnahme. Allerdings drückten die Tage, an denen es in Strömen regnete und die Hervester Straße noch trister wirkte als ohnehin schon, ordentlich aufs Gemüt. Ich stand dann vor der Tür, blickte abwechselnd auf den grauen Asphalt vor und die Klinkerbude hinter mir und fragte mich, ob das alles wirklich Sinn ergab. Meistens schüttelte ich mich dann kurz, krempelte die Ärmel hoch und ging wieder in die Küche. Aufgeben kam definitiv nicht infrage!

Immerhin begriff ich schnell, dass ich das unfreiwillige Etikett als wilder Jungspund ganz gut für meine geschäftlichen Zwecke nutzen konnte. Nach den ersten Monaten, in denen ich mich in meinem Restaurant akklimatisierte, marschierte ich zur »Dorstener Zeitung«, einem Ableger der großen »Ruhr-Nachrichten«, deren Lokalredaktion mitten in der Dorstener Altstadt zu finden war, ein paar Kilometer weiter südlich von Wulfen. Ich erklärte dem Redakteur, dass einer der jüngsten Küchenchefs Nordrhein-Westfalens gerade ein eigenes Lokal eröffnet hatte und er sich das unbedingt einmal ansehen müsse. Als der Mann ein paar Tage später zusammen mit einem Fotografen vorbeikam, gab ich Vollgas. Ich kochte meine Karte rauf und runter und servierte den beiden vom Gruß aus der Küche über Vorspeise, Hauptspeise und Nachtisch noch jede Menge Tralala obendrauf. Ich holte meinen besten Wein aus dem Keller, den teuren Cognac aus dem Schrank und füllte die Jungs ordentlich ab. Zwei Tage später stand ein enthusiastischer Artikel im Blatt. Spätestens ab dann war die Hütte ganz gut voll.

Innerhalb der ersten ein, zwei Jahre schaffte ich es, mir eine treue Stammklientel aufzubauen, die gar nichts mehr mit den Gästen vom alten Kintrup zu tun hatte. Einige von denen kamen Gott sei Dank auch noch, aber ein paar Leute aus der Stadt hatten im Lauf der Zeit mitbekommen, dass sich bei diesem Rosin in Wulfen kulinarisch ein bisschen was getan hatte. Die Veränderungen waren nicht gerade weltbewegend, denn ich kochte im Prinzip dieselben Gerichte, wie es sie in zig Gaststätten überall in der Umgebung gab. Doch ich versuchte, alles zumindest etwas feiner, filigraner, eleganter zu machen. Das hatte alles bis dato kein klares Konzept. Aber es war ein Anfang. Nur investieren konnte ich bislang leider noch nicht.

»Nicht dein Ernst, Mann! Ist das wirklich deine Küche, oder kommt dahinter noch was anderes?«, fragte mich ein alter Kollege aus Buer, der mich mal besuchen kam. »Sag mal, hast du das Zeug auf dem Sperrmüll zusammengesucht?«, wollte ein weiterer Bekannter wissen, mit dem ich früher zusammengearbeitet hatte. »Dass du dafür überhaupt eine Konzession bekommen hast«, lachte der Wirt eines anderen Wulfener Lokals und betrachtete abschätzig meine Gerätschaften.

Es tat weh, solche Sprüche über mein Equipment zu hören. Doch das eigentlich Schlimme war: Die Typen hatten alle recht. Die Ausstattung, die ich von meinem Vorgänger übernommen hatte, war schon vor zehn Jahren veraltet gewesen. Nun aber war die Hälfte der Geräte komplett hinüber oder zumindest kurz davor. Jedes Mal, wenn ich alle Feuerstellen in Betrieb hatte, bekam ich Panik, dass der Herd ganz schlappmachte und ich für den Rest des Abends entweder einen Campingkocher auftreiben oder die Bude gleich ganz dichtmachen musste. Der Abzug funktionierte nicht mehr richtig, sodass die Luft an manchen Tagen auch nicht besser war als in der »Sea Cloud«-Kombüse und einige Gäste befürchteten, dass es in der Küche gerade brannte. Und von modernen Errungenschaften wie einem Durchschubspüler oder einem Heißluftgarer konnte ich nur träumen.

Angesichts meiner chronischen Geldknappheit kam mir das Angebot eines bekannten Architekten, der regelmäßig im Restaurant zu Besuch war, gerade recht. »Wir bauen einen eleganten Yachthafen auf Mallorca«, meinte der Mann, nachdem ich ihm die Rechnung gebracht hatte. »Dort wird es auch eine hochwertige Gastronomie geben. Dafür suchen wir noch einen Leiter. Wären Sie interessiert?«

Das Ganze klang verlockend. Aber mein Betrieb hatte gerade erst an Fahrt aufgenommen. Da konnte ich nicht einfach nach Malle abdüsen und in Wulfen alles stehen und liegen lassen. Es stellte sich allerdings heraus, dass die Unternehmensgruppe, für die der Architekt tätig war, eher eine Art gastronomischen Berater suchte, der das Konzept für die vornehme Yachthafen-Gastro ausarbeiten und den Leuten dort ein bisschen über die Schulter gucken sollte. Das würde sich mit meinem Restaurant auf jeden Fall vereinbaren lassen. Ab und zu mal für ein paar Tage der Sonne entgegenzufliegen und sich auf neue Herausforderungen einzulassen hatte auf jeden Fall Charme. Und wenn dort unten alles gut anlief, hätte ich womöglich genug Kohle verdient, um endlich meinen eigenen Laden aufzumöbeln. Ich brauchte jetzt nur noch jemanden, der meine Ideen kulinarisch umsetzen konnte. Da fiel mir mein alter Freund Frank Buchholz wieder ein.

Während ich beim Bund für die Herren Offiziere köchelte, hatte Frank nahezu alle namhaften Stationen abgeklappert, die man als angehender Spitzenkoch in Deutschland absolvieren konnte: Franz Feckl, Heinz Winkler oder Gerd Käfer lauteten seine Lehrmeister. Inzwischen arbeitete er unter Heinz Beck im »Harlekin«, dem Feinschmeckertempel des relativ neuen »Grand Hotel Esplanade« in Berlin. Ich machte mich auf in die neue Hauptstadt, wo gerade – drei Jahre nach der Deutschen Einheit –

eine Menge in Bewegung war: politisch, gesellschaftlich, aber auch und gerade gastronomisch. Außerdem galt das »Esplanade« mitten im Botschaftsviertel, das auch die schnell berühmt gewordene »Harry's New York Bar« beherbergte, als eines der ersten Häuser am Platz. Ich brauchte gute Argumente, um meinen Kumpel von Mallorca zu überzeugen.

»Ich hab da ein großes Ding am Laufen«, sagte ich zu Frank und erklärte ihm, was mir der Abgesandte der Investoren alles versprochen hatte: einen Hotspot für die Reichen und Superreichen der Insel sowie für betuchte Touristen; mit einer Marina, wie es sie in Europa noch nicht gegeben hatte. Und als Glanzstück des Projekts ein Gourmetrestaurant als beste kulinarische Adresse der ganzen Balearen. Frank konnte gar nicht anders, als zuzusagen. Und er nahm seinen Chef gleich mit, weil dieser in Heinz Winklers »Tristan« in Puerto Portals einige Zeit zuvor bereits Mallorca-Erfahrung gemacht hatte. Buchholz und Beck kündigten im »Esplanade« und saßen quasi auf gepackten Koffern. Ich pendelte derweil zwischen Wulfen und Palma hin und her und bereitete mich auf die konzeptionelle Gestaltung des neuen Lokals vor. Mein gastronomischer Plan war ausgearbeitet. Dennoch bekam ich langsam ein mulmiges Gefühl.

Immer wieder wurde ich von meinen Ansprechpartnern vertröstet, was die geplante Eröffnung anging. Als ich mal wieder nach Mallorca reiste, um mir selbst ein Bild von der Lage zu machen, wurde mir klar, dass hier etwas oberfaul war. Es passierte im Grunde genommen gar nichts mehr. Auf der Baustelle ging nichts voran, alles wirkte verlassen und weit davon entfernt, in ein paar Monaten mit großem Tamtam die örtliche High Society zu bewirten, wie es mir versprochen worden war. Blöderweise hatte ich genau das Frank und Heinz ebenfalls zugesagt. Die Kacke war mächtig am Dampfen. Gegen das hier hatte selbst der Essener Stadthafen mehr mediterranes Flair. Ich brauchte gar nicht mehr abzuwarten, bis ich den offiziellen Bescheid bekam, dass das Projekt auf Eis lag, weil sich die Investoren total übernommen hatten und dringend neue Geldgeber benötigten, die allerdings weit und breit nicht in Sicht waren. Das Ding war mausetot.

»Geht's noch?«, schrie mich Frank an, nachdem ich ihm kleinlaut berichten musste, was Sache war. Er war außer sich, zumal er ja noch seinen eigenen Chef mit hineingezogen hatte. Es half nichts. Ich war vielleicht etwas blauäugig gewesen und hatte mich zu sehr auf andere verlassen. Wiederum andere allerdings hatten sich auf mich verlassen, was für mich noch weitaus schmerzhafter war. Am Ende standen wir jedenfalls alle wie Verlierer da, und ich war der Oberloser. Die Jungs hatten ihre Jobs für eine echte Nullnummer aufgegeben. Und ich hatte eine Menge Aufwand und Herzblut in das Vorhaben gesteckt, sah keinen Pfennig Honorar und verlor einen meiner besten Freunde.

Zum Glück war wenigstens Letzteres nicht von Dauer. Nach einigen Jahren Funkstille näherten Frank und ich uns wieder an. Er verzieh mir – auch weil ich ja nichts für die Pleite konnte. Für ihn und Heinz Beck ging es kurz nach dem Debakel woanders weiter. Das war auch kein Wunder, so gut, wie sie waren und noch immer sind: Frank Buchholz wechselte zunächst nach Mailand, dann nach Frankfurt, machte ab Ende der Neunziger im Fernsehen Karriere und eröffnete schließlich sein eigenes Sternelokal und eine exzellente Kochschule in Mainz. Und Beck übernahm das renommierte »La Pergola« im »Hilton Rom«, für das er später drei Sterne erkochte, sodass er heute als bester Koch Italiens gilt. Ich hingegen blieb in Wulfen und musste wohl oder übel weiterhin auf die Sanierung meiner Küche warten.

Ich hoffte, dass mir ein zweites Standbein dabei helfen würde, einige Extraeinnahmen zu generieren. In Wulfen und Umgebung gab es einige größere Firmen. Da bot es sich geradezu an, ein attraktives Catering-Angebot zu schaffen, um auch für diese Unternehmen interessant zu werden. Abgesehen vom möglichen zusätzlichen Umsatz dachte ich daran, dass derjenige, der rein dienstlich mit meinem Essen zufrieden war, vielleicht an einem anderen Tag als privater Gast zu mir ins Restaurant kam. Was ich allerdings nicht in meine Überlegungen einbezogen hatte, war, dass man für größere Aufträge irgendwie auch eine größere Küche brauchte. Oder zumindest mehr Personal, um den zusätzlichen Aufwand abzufangen. Beides hatte ich leider nicht. Das Ganze war extrem auf Kante genäht.

Trotzdem nahm ich den Auftrag an, für die Eröffnung der Dorstener Niederlassung eines großen Konzerns das Essen beizusteuern. Ich entschloss mich dazu, nicht eigens dafür zu schließen, sondern das Lokal ganz normal geöffnet zu lassen – ich wollte ja niemanden verprellen. Als ein paar Tage vor dem Termin die Bestellung mit der genauen Personenanzahl für den Event eintrudelte, wusste ich zwar, dass das von mir alles recht ambitioniert geplant war. Aber ich begann zuversichtlich mit den Vorbereitungen: Ich kaufte alle Waren ein, überlegte mir, wann ich was in Angriff nehmen wollte, und war eigentlich ganz zufrieden, wie sich die Sache entwickelte. Wenn es so weiterging, konnte ich den normalen Küchenbetrieb womöglich ganz gut parallel zum zusätzlichen Catering bewerkstelligen. Es durfte nur nichts dazwischenkommen. Und natürlich passierte genau das.

Achtundvierzig Stunden vorher korrigierte die Firma ihre erwartete Gästezahl massiv nach oben. Schon zu diesem Zeitpunkt begann ich ordentlich zu rotieren, weil ich logischerweise nochmals einkaufen gehen und meine Arbeit entsprechend anpassen musste. In diesem Augenblick war mir klar, dass mich der normale Betrieb am heutigen Abend killen würde. Aber ich konnte die Tischreservierungen nun nicht mehr absagen. Es half alles nichts: Ich musste nach Betriebsschluss eine kleine Nachtschicht einlegen. Und so kochte ich wie üblich für die Leute in meinem Lokal, machte bis kurz nach Mitternacht alles sauber und begann dann, das Buffet für die Eröffnung anzufertigen.

Am nächsten Morgen fühlte ich mich, als wäre ich gerade einmal nach L.A. und sofort wieder zurückgeflogen und hätte wegen starker Turbulenzen an Bord nicht schlafen können. Gerade als ich den Laden abschließen wollte, um mich wenigstens zwei, drei Stündchen aufs Ohr zu hauen, traf per Fax die zweite Nachbesserung ein: Die beschissene Einweihungsfeier schien das gesellschaftliche Ereignis Nummer eins in ganz NRW zu werden, denn es wurden nochmals ein paar Dutzend Leute nachgemeldet. Dafür würde mein bisheriges Zeug, das säuberlich mit Frischhaltefolie verpackt im Kühlraum auf den Transport wartete, hinten und vorne nicht reichen. Wenn aber die Hälfte der Anwesenden nichts zu futtern bekam, war mein erster Auftrag auch gleichzeitig der letzte. Ich würde in der Nacht noch mal nachlegen müssen.

Zuerst brauchte ich dafür aber jede Menge neuer Lebensmittel. Also fuhr ich nicht wie vorgesehen nach Hause, sondern direkt in den Großmarkt, um wieder ein bisschen shoppen zu gehen. Ich lud die Zutaten in mein Auto und fuhr nicht über Los, sondern direkt wieder ins Restaurant. Wenn ich den Mittags- und Abendtisch schon jetzt halbwegs präparierte, konnte ich unter Umständen später etwas Zeit hereinholen. Doch das klappte selbstverständlich nicht: Es begann das gleiche Spielchen wie am Vortag, nur dass sich meine Beine inzwischen anfühlten wie Pudding.

»Mama, ich brauche deine Hilfe. Ich bin seit sechsunddreißig Stunden wach und muss später noch die Nachbestellung für morgen machen«, jammerte ich am Telefon.

»Mach dir keinen Kopf, Frank. Ich komm später vorbei!«, sagte sie nur und stand pünktlich zur Sperrstunde auf der Matte.

Anschließend stellte sie sich mit mir in die Küche und begann, ein paar Hundert Canapees zu belegen. Gegen drei oder vier Uhr früh gingen bei mir die Lichter aus. Ich konnte meine Augen nicht mehr offen und mich kaum mehr auf den Füßen halten.

»Versuch dich ein bisschen auszuruhen. Ich schaff das schon«, meinte meine Mutter.

Ich sah mich um, und der einzige Platz, der mir im Moment als Bettersatz einfiel, war mein guter alter Ofen. Ich zog die Schuhe aus, kletterte hoch und schlief sofort ein. Nach einer guten Stunde wachte ich wieder auf und fühlte mich noch mieser als zuvor. Zur allgemeinen Erschöpfung kamen nun mörderische Rückenschmerzen dazu, weil so ein Edelstahlgerät dann doch nicht mit einer handelsüblichen Federkernmatratze zu vergleichen war. Nun war alles egal. Gemeinsam zogen wir die Sache durch und bereiteten bis zum Morgengrauen die restlichen Schnittchen, Häppchen und Salate zu. Ich weiß nicht mehr, wie ich es schaffte, die Sachen am Vormittag unfallfrei zum Einsatzort zu transportieren. Aber ich erinnere mich noch gut daran, nie mehr besser geschlafen zu haben als nach Feierabend dieses Höllenritts.

Auch danach verlief mein toller neuer Cateringservice nicht immer ganz störungsfrei. Für die heilige Erstkommunion ihrer Tochter orderte eine Familie das gesamte Essen bei uns. Die Leute besaßen ein großes Anwesen und zogen es vor, ihre Verwandtschaft daheim zu bewirten. Folglich kochten wir die Gerichte bei uns verzehrfertig, um sie an jenem Sonntag im April pünktlich zum Festmahl nach Hause auszuliefern – beziehungsweise zu der Zeit, die ich mir in mein Reservierungsbuch notiert hatte. Schlag fünfzehn Uhr stand ein Mitarbeiter von mir mit Unmengen an Töpfen, Warmhaltebehältern und Schüsseln vor der Haustür.

»Schönen guten Tag«, sagte er. »Hier ist Ihr …«

»Sie können gleich wieder abhauen«, unterbrach ihn der Mann im dunklen Anzug, der die Tür geöffnet hatte – und schlug sie ihm direkt vor der Nase zu. Der arme Tropf wusste nicht, wie ihm geschah, guckte noch mal auf dem Lieferschein nach, ob er sich nicht in der Adresse geirrt hatte, und klingelte erneut.

»Entschuldigung, Sie haben doch …«

»Wir hatten bei Herrn Rosin für zwölf Uhr bestellt. Jetzt brauchen wir auch nichts mehr«, bellte es von drinnen. »Auf Nimmerwiedersehen!«

Kurz darauf kam mein Angestellter konsterniert zurück und brachte die schönen Speisen im Wert von ein paar Hundert Mark wieder mit. Frustriert packte ich meinen Leuten und mir etwas davon ein, ernährte mich in den nächsten Tagen vom verspäteten Kommunionsmenü und schwor mir, das Nebengeschäft künftig noch akribischer anzugehen, um solche dummen Fehler zu vermeiden.

Während ich unter anderem beschloss, bei aufwendigen Cateringaufträgen das Lokal lieber für einen Tag geschlossen zu lassen, um mich ganz auf einen Bereich konzentrieren zu können, entwickelte sich das »Restaurant Rosin« ganz allmählich zu einer Art gesellschaftlichem Treffpunkt im Ort. Das bedeutete auch, dass wir hin und wieder größere Veranstaltungen ausrichten durften. Hochzeitsfeiern zum Beispiel machten besonders viel Spaß: Die Umsätze stimmten, man konnte den Tag perfekt im Voraus planen, und die Gäste waren in der Regel gut drauf. Wenn ich sie nicht ausnahmsweise vergessen hatte.

»Wie kann ich Ihnen helfen?«, fragte meine Mutter verdutzt, als an einem sonnigen Samstag um kurz vor zwölf Uhr eine Frau an der noch abgeschlossenen Tür klopfte. Die Dame trug ein bodenlanges weißes Kleid mitsamt elegantem Schleier, und in der Hand hielt sie einen Blumenstrauß. Ich kam aus der Küche dazu und sah, wie auf dem Parkplatz gerade der Bräutigam und mutmaßlich der Brautvater aus einem Auto stiegen, auf dessen Motorhaube ein Bukett aus roten und weißen Rosen angebracht war. Es schien sehr unwahrscheinlich, dass diese Herrschaften zufällig bei uns einkehren wollten.

»Na, wir haben doch heute unser Hochzeitsessen«, strahlte die Braut und schob sich an Mama vorbei in den Gastraum.

Leider hatte ich die Reservierung, die einige Wochen zuvor für rund zwanzig Personen gemacht worden war, schlichtweg verdaddelt. So peinlich es auch war, es half nichts. Ich musste den Leuten die Wahrheit sagen, zumal sich die auch kaum verbergen ließ: Die Tische waren null geschmückt, und ein Menü vorbereitet hatte ich ebenso wenig.

»Es tut mir unglaublich leid, aber wir haben Sie glatt vergessen«, sagte ich kleinlaut und wäre dabei am liebsten in der Wulfener Kanalisation versunken. Als ich gerade zu weiteren Entschuldigungen ansetzen wollte, fing die Frau bereits an zu heulen. Ihr frischgebackener Ehemann redete auf meine Mutter ein, und bevor die Situation vollends eskalierte, holte ich unseren besten Schaumwein aus dem Kühlschrank und goss dem Brautpaar erst mal ein Gläschen ein. Vielleicht würde das die Stimmung fürs Erste ein wenig retten.

Binnen weniger Minuten telefonierte ich alle unsere Aushilfen ab und begann sofort damit, zu kochen. Eine Viertelstunde später trafen zeitgleich mit meinen Rettern die ersten Gäste ein. Wir gaben Vollgas, aber natürlich war der Zeitplan nicht mehr zu halten. Zur Überbrückung der Wartezeit brachten wir eine Pulle Sekt nach der anderen an die Tafel, woraufhin sich die Laune aller Anwesenden deutlich verbesserte. Am Ende war alles wieder in Ordnung. Aufgrund der vielen Freigetränke machte ich an diesem Tag keinerlei Gewinn, aber das war schon in Ordnung so. Strafe musste sein. Die fette Kohle sollte bei einer anderen Gelegenheit auf mich warten. Glaubte ich jedenfalls.

An einem stinknormalen Wochentag im Frühjahr 1994, das Lokal war einigermaßen gut besucht, bemerkte ich, dass plötzlich eine leichte Unruhe in Gastraum ausbrach. Ich guckte durch das Fenster in der Küchentür und erkannte – einen echten Promi. Das war mega! Unter die üblichen Essensgäste hatte sich ein Mann gemischt, der seit knapp einem Jahr zum zweiten Mal die Geschicke bei meinem Lieblingsverein lenkte: Rudi Assauer. Er guckte sich gerade etwas ungläubig um, als ich an seinen Tisch trat, um ihn zu begrüßen.

»Tach«, sagte er lässig. »Rüdiger hat Sie empfohlen. Sie sollen ja ganz gut kochen können. Aber sagen Sie mal – der Laden ist ja echt scheiße.«

Rüdiger war ein guter Freund von mir, der einen direkten Draht zum FC Schalke pflegte. Aber mir hatte er nichts erzählt, deshalb hatte ich auch keine Ahnung, was Assauer von mir wollte. Seine Begrüßung hätte jedenfalls ein bisschen freundlicher ausfallen können. Dass durch mein Restaurant rein optisch der Hauch der Vergangenheit wehte, wusste ich selbst. Allerdings brauchte Assauer gar nicht einen auf dicke Hose zu machen: Sein Club war in der vergangenen Saison dem Abstieg ganz knapp entgangen, kämpfte gegen einen Berg von Schulden und hatte gerade das Revierderby gegen Borussia Dortmund um deren Kapitän Michael Zorc mit 2:3 verloren. Das alles drückte mir als Fan auch aufs Gemüt. Trotzdem biss ich mir auf die Zunge. Mal hören, was Rudi zu sagen hatte.

»Freut mich, dass Sie den Weg zu mir gefunden haben. Was darf ich Ihnen bringen?«, fragte ich höflich, während sich Assauer eine Zigarre anzündete und den ganzen Raum einnebelte. Es stellte sich schnell heraus, dass er gar nichts essen wollte. Stattdessen erklärte er mir in seiner typisch knappen und leicht spitzfindigen Art, dass der S04 für seine Heimspiele im Parkstadion einen neuen Caterer für den VIP-Bereich brauchte. Und von Rüdiger habe er gehört, dass ich leidenschaftlicher Fan der Königsblauen sei, gut kochen könne und über Erfahrung bei der Verpflegung größerer Gruppen verfügte. Dass ich schon mal Zeiten durcheinanderbrachte und Hochzeitsgesellschaften vergaß, hatte Rüdiger zum Glück nicht erwähnt. Aber Samstag, fünfzehn Uhr dreißig – das würde ich mir merken können.

»Genau solche Leute brauchen wir. Sie sind der richtige Mann«, schwärmte er, obwohl er mich überhaupt nicht kannte. Ich fühlte mich gebauchpinselt und dachte außerdem ans Geschäft: In einer VIP-Lounge konnte man sicherlich interessante Kontakte knüpfen, und gut bezahlt wurde in der Bundesliga wahrscheinlich ebenfalls.

»Wenn Sie meinen«, antwortete ich. »Dann bin ich dabei.«

Meine Vereinbarung galt für den Rest der aktuellen sowie die komplette nächste Saison. Diesmal lief es für Schalke etwas besser. Der Verein etablierte sich im Mittelfeld der Tabelle, und während Mike Büskens, Ingo Anderbrügge oder Yves Eigenrauch unten am Feld zum Beispiel Dynamo Dresden vor achtundzwanzigtausend Zuschauern mit 4:0 schlugen oder gegen die Bayern bei ausverkauftem Haus durch Tore von Ziege, Scholl und Zickler mit 0:3 baden gingen, servierte ich unter dem Dach der maroden Haupttribüne im sogenannten »Blauen Salon« jede Menge warme und kalte Köstlichkeiten für Sponsoren, Funktionäre und die Familien der Spieler. Nach dem Abpfiff kamen meistens auch die Jungs selbst vorbei – und je nach Ausgang der vorangegangenen neunzig Minuten saßen wir entweder noch beim ein oder anderen Pils zusammen, oder ich konnte pünktlich um kurz nach achtzehn Uhr zusammenpacken und zurück nach Wulfen fahren, um mich ums Restaurant zu kümmern.

Die Rahmenbedingungen waren eine Katastrophe. Abgesehen davon, dass ich das Essen mit höchstens einem Mitarbeiter als Hilfe persönlich mit dem Kombi nach Gelsenkirchen karrte, spottete auch die Ausstattung des Stadions jeder Beschreibung: Die Küchengeräte hier waren keinen Deut moderner als bei mir, und die sanitären Einrichtungen wirkten allesamt heruntergekommen. Wenn es stark regnete, musste man selbst im Innenbereich höllisch aufpassen, auf dem hässlichen PVC-Noppenboden nicht auszurutschen, weil es überall aus der Decke tropfte. Im Sommer war es heiß, weil es keine Klimaanlage gab, und im Winter arschkalt, weil der Club bei den Heizkosten sparte. Es war ein Jammer, dass die Planungen von Günter Eichberg, nebenan eine neue, topmoderne und überdachte Arena zu bauen, nach dem Rücktritt des »Sonnenkönigs« erst mal auf Eis lagen.

»Wir ziehen das Ding schon noch hoch«, betonte Rudi Assauer zwar immer wieder. »Aber erst mal müssen wir ein bisschen Kohle verdienen.«

Das hatte ich mir auch erhofft. Bislang jedoch sah ich für mein Engagement keine müde Mark von meinem Herzensverein. Rudi vertröstete mich immer wieder mit dem Verweis auf die angespannte finanzielle Gesamtsituation. Das konnte ich zwar nachvollziehen, aber zumindest den Wareneinsatz hätte ich fürs Erste schon gerne erstattet bekommen. So machte ich bei jedem Heimspiel ordentlich Miese, denn nur mit Wurstbrötchen und Käsestullen brauchte ich den Herrschaften nicht um die Ecke zu kommen.

»Wir machen das wieder gut«, vertröstete mich Assauer. »Ich lass mir was einfallen, verlass dich drauf!«

Tatsächlich meldete er sich knapp zwei Jahre später wieder bei mir. Schalke stand völlig überraschend im Finale des UEFA-Pokals gegen den Weltverein Inter Mailand. Als kleine Wiedergutmachung für damals bekam ich Karten für das Hin- und Rückspiel. Im Parkstadion gewannen wir zunächst mit 1:0 durch ein Tor von Marc Wilmots. Zwei Wochen später stand das Rückspiel im Giuseppe-Meazza-Stadion an. Fünf Minuten vor Schluss erzielte Inter ein Tor, wodurch es zur Verlängerung und schließlich zum Elfmeterschießen kam. Ich machte mir fast in die Hosen vor Aufregung, aber Jens Lehmann parierte zwei Strafstöße von Zamorano und Winter. Den Moment, als Wilmots den entscheidenden Elfer versenkte und ich plötzlich von wildfremden Menschen mit blauen Mützen und blauen Schals umarmt und geknuddelt wurde, werde ich niemals in meinem Leben vergessen. Ich verdrückte einige Tränchen der Rührung.

Auch sonst lag Schalke wieder auf Kurs: Die Arena sollte vor allem dank Assauers Beharrlichkeit nun doch gebaut werden – und die schlimmste finanzielle Talsohle schien durchschritten. Ich dachte schon zart an eine kleine Nachzahlung für meine geleistete Arbeit. Vielleicht würde ich sogar eine Loge im neuen Stadion in Aussicht gestellt bekommen. Aber die Idee von Rudi war eine ganz andere.

»Wir machen ein Kochbuch mit dir. Ganz offiziell, mit Logo und so. Was hältste davon?«, fragte er mich, nachdem sich die Feierlichkeiten rund um die Eurofighter wieder etwas beruhigt hatten.

Ich fand die Idee gar nicht schlecht. Jetzt ein bisschen auf der Welle des Erfolgs mitzuschwimmen konnte nicht schaden. Wenn man das Ding anständig vermarktete, würde sich ein solches Buch sicher spitzenmäßig verkaufen. Ich machte mich zusammen mit S04-Marketingleiter Andreas Steiniger und Pressesprecher Gerd Voß an die Arbeit. Die beiden sammelten Anekdoten, ich entwickelte Rezepte aus den Ländern, aus denen die Spieler kamen.

Einige Monate später kam »Schalke kocht – Internationale Rezepte und Geschichten, nicht nur für Schalker« auf den Markt. Ich war stolz wie Bolle auf mein allererstes Kochbuch und marschierte geradewegs zu Buch König nach Dorsten, um nach dem Meisterwerk zu fragen, das dort sicherlich stapelweise erhältlich war – so viele Schalke-Fans, wie hier ganz in der Nähe Gelsenkirchens lebten.

»Das gibt's bei uns nicht«, bekam ich zur Antwort. Bevor ich mich darüber wundern konnte, erklärte mir die Verkäuferin, dass der Verein allem Anschein nach gar keine ISBN beantragt hatte.

Nur mit der konnte ein Buch überhaupt flächendeckend vermarktet werden, aber vermutlich wollte man sich auf der Geschäftsstelle die paar Hundert Mark Gebühr für die Kennzeichnung sparen. So gab es »Schalke kocht« eben nur im eigenen Fanshop. Dass auf diese Weise keine besonders hohen Auflagen erzielt werden konnten, war ebenfalls klar. Außerdem waren einige der Spieler, die im Innenteil vorkamen, schon gar nicht mehr da. Meine erste Veröffentlichung entpuppte sich mehr und mehr als Flop. Ich war enttäuscht und beschloss, mich künftig nicht mehr als Geschäftspartner, sondern nur noch als Anhänger mit dem Verein zu beschäftigen.

Immerhin: »Schalke kocht« ist bei eBay heute eine Rarität. Das ist mehr wert als ein paar Tantiemen. Mit Rudi Assauer machte ich einige Jahre danach ebenfalls meinen Frieden. Der Mann war eben ein echtes Schlitzohr, der für seinen FC Schalke alles getan hätte. Und wann immer ich während eines Spiels in den Himmel schaue und eine graue Wolke sehe, bin ich mir sicher, dass Rudi dort oben bestimmt gerade eine fette Zigarre raucht.

»Frank! Frank! Das musst du dir ansehen«, sagte meine Mutter aufgeregt zu mir, nachdem sie überstürzt in die Küche gerannt war und Fred fast umrannte. Sie half an diesem Samstagabend mal wieder im Service aus und war komplett neben der Spur.

»Was ist denn los? Ist was passiert?«, fragte ich und befürchtete schon einen ähnlichen Zwischenfall wie neulich, als im kompletten Gastraum der Strom ausgefallen war und wir in aller Eile Kerzen aufstellen mussten, damit die Gäste ihr Essen überhaupt noch erkennen konnten. Auch die technische Infrastruktur des alten Kintrup ließ, wie sich nach und nach herausstellte, leider schwer zu wünschen übrig. Es war dringend nötig, dass sich der Elektriker mal die Anschlüsse und Sicherungen vornahm. Aber diesmal war alles hell.

»Du glaubst nicht, wer gerade reingekommen ist«, rief sie und nahm mich zur Seite. Gemeinsam blickten wir durch die Küchentür nach draußen. Am Eingang stand Otto Waalkes mit Anhang und suchte ganz offensichtlich einen freien Tisch. Wir waren eigentlich ausreserviert, aber für Otto und seine Entourage sollten wir es schaffen, noch ein paar zusätzliche Plätze freizuschaufeln. Mir war komplett schleierhaft, was er in Wulfen machte – geschweige denn, wie er auf uns gekommen war. Vermutlich hatte er einen Auftritt in der Nähe gehabt, in Gelsenkirchen oder Recklinghausen vielleicht, und wollte nun noch einen Happen essen gehen. Trotzdem war es kurios, dass es ihn ausgerechnet hierher verschlug. Zu dieser Zeit hörte meine Strahlkraft, wie gesagt, kurz hinterm Parkstadion auf. Nachdem er sich hingesetzt hatte, beschloss ich, mich selbst um den unerwarteten Gast zu kümmern.

»Guten Abend, Herr Waalkes«, sagte ich förmlich. »Schön, dass Sie da sind.«

»Was können Sie mir denn heute empfehlen, junger Mann?«, sagte er, strahlte mich mit seinem berühmten Otto-Lächeln an und blinzelte.

Artig zählte ich meine Karte auf und endete mit meiner »Roulade vom Bresse-Huhn«, die eine echte Steilvorlage für den friesischen Star-Komiker war.

»Jaaahaaa«, brüllte er. »Ein Presshuhn. Sehr gut. Ist das gepresst? So gaaaaanz klein? Dann press ich mir das glatt rein.«

Ich musste lachen – und muss das bis heute, wann immer ich ein solches Huhn anbiete, das ja nur so heißen darf, wenn es tatsächlich aus der französischen Region Bresse stammt. Ich war dennoch ein bisschen aufgeregt, denn damals war es alles andere als normal, dass jemand bei uns vorbeischaute, den man auch als Nicht-Wulfener kannte. Otto stellte sich jedoch als sehr guter und unkomplizierter Gast heraus. Er war gut drauf, plauderte immer wieder mit den Menschen an den umliegenden Tischen, gab ordentlich Trinkgeld, bedankte sich artig bei mir, meiner Mutter und unseren Mitarbeitern und malte allen zum Abschied sogar noch jeweils einen signierten Ottifanten. Ich beschloss, mir mein persönliches Exemplar aufzuheben, gewissermaßen als Glücksbringer. Das konnte auf alle Fälle nicht schaden.

5

Neues Konzept, neue Mannschaft, neue Ziele – Meine wichtigsten Erkenntnisse als Chef

Während all dieser Erfahrungen hatte ich meinen Laden in Wulfen ganz gut vorangebracht. Das Lokal lief immer besser, und ich konnte meine Mitarbeiter jeden Monat pünktlich zum 27. bezahlen. Das war sowieso das Einzige, worauf es ankam. Die Episode mit Schalke hatte mir gezeigt, dass ich in der Lage war, auch gastronomische Konzepte im größeren Stil zu organisieren und zu entwickeln – auch wenn ich das in diesem Fall mehr oder weniger für die Tonne gemacht hatte. Noch lag der Schwerpunkt in meinem Restaurant auf gehobener gut bürgerlicher Küche. Ich war mir jedoch sicher, dass meine kulinarische Selbstfindung damit nicht abgeschlossen sein konnte. Es fehlte nur an einem Schlüsselerlebnis. Genau das sollte ich bald bekommen.

Und zwar in Gestalt eines bärtigen, weißhaarigen und groß gewachsenen Mannes, der schon einige Male bei mir gegessen hatte. Er war mir zuvor nicht nur aufgrund seiner stattlichen Erscheinung aufgefallen. Anders als die anderen Gäste bestellte er nur selten von der Speisekarte und fragte stattdessen nach meiner persönlichen Empfehlung. Ehrlich gesagt, hatte ich gar keine parat, weil sich ansonsten niemand für solche Extrawürste interessierte. Die Leute bestellten meistens das Gleiche. Also improvisierte ich für ihn immer etwas. Dieses Mal marschierte der geheimnisvolle Unbekannte, der ein wenig so aussah wie Käpt'n Iglo, nach dem Abendessen geradewegs in die Küche.

»Wissen Sie eigentlich, wie kreativ Sie sind?«, fragte er mit seiner prägnanten, tiefen Stimme und hielt mich am Arm. Ich wusste nicht, was ich darauf sagen sollte und worauf er hinauswollte.

»Vergessen Sie doch die ganzen Standardsachen. Machen Sie das ruhig immer so wie bei mir. Probieren Sie etwas aus, experimentieren Sie, trauen Sie sich etwas. Darin liegt Ihre Stärke, junger Mann. Vertrauen Sie mir!«

Käpt'n Iglo entpuppte sich als Michael Salamon, ein Freigeist und Künstler, der in der Nähe lebte, einst einer der letzten Schüler von Joseph Beuys gewesen war und sich voll und ganz dem Genuss verschrieben hatte. Weil er leider nicht von seiner Kunst allein leben konnte, betrieb er nicht weit entfernt einen Obst-, Gemüse- und Fischhandel und kannte sich schon allein deshalb mit hochwertigen Lebensmitteln aller Art enorm gut aus. Ich war beeindruckt. Klar hatte ich in den letzten Jahren immer mal wieder das ein oder andere Kompliment für unser Essen abgestaubt, was mir jedes Mal richtig guttat. Doch noch nie zuvor hatte mich jemand so sehr motiviert.

Heute kann ich ohne Umschweife behaupten: Dieses kurze Gespräch zwischen vollen Schüsseln, dampfenden Töpfen und ungespülten Tellern veränderte mein Leben. Salamon stachelte mich in diesem Augenblick auf eine Weise an, die mich so enorm pushte, dass ich es mir gar nicht richtig erklären konnte. Er weckte eine Leidenschaft in mir, die ich zwar gespürt hatte, die ich aber nie genau benennen konnte. Von diesem Moment an versuchte ich sie umzusetzen.

Die nächsten beiden Jahre schrieb ich erst mal überhaupt keine Speisekarte mehr und kochte ausschließlich spontan. Mit Salamons Hilfe und der eines ehemaligen Kochs, der seinen Beruf an den Nagel gehängt hatte und nun am Großmarkt als äußerst fachkundiger Verkäufer tätig war, verwendete ich nur noch tagesfrische Zutaten wie Seeteufel, Kalbsfilet oder Schwertfisch. Der Mann hatte echt Ahnung und gab mir beim Einkauf regelmäßig Tipps, wie er die Sachen verarbeiten würde. Nicht immer war ich mit ihm einer Meinung, aber jedes Mal entstanden dabei regelrechte kulinarische Streitgespräche, aus denen meist sehr originelle und stimmige Gerichte hervorgingen.

So bestärkt, änderte ich meine kulinarische Idee und meine gesamte Anrichteweise. Bislang waren es meine Gäste gewohnt, dass ihre Teller gut gefüllt waren. In der »Klosterschenke« und erst recht bei der Bundeswehr hätte ich die Hucke voll bekommen, ein Essen herauszugeben, das optisch für sich stand – beispielsweise ein auf der Haut gebratenes Lachsfilet, das auf ein kleines Gemüsebett gesetzt und um das allenfalls ein Soßenspiegel gezogen wird. Vielmehr musste eine Roulade in ihrer Tunke ertrinken und der Berg Kartoffelpüree daneben so hoch sein, dass man zum Servieren keinen Kellner, sondern eher einen Statiker gebraucht hätte. Das wollte ich nicht mehr. Salamon hatte recht. Ich musste mich verändern und mehr auf mein Gefühl hören als auf das, was die anderen wollten. Beziehungsweise: wovon ich glaubte, dass es die anderen wollen.

Durch das neue Konzept kam es manchmal zu abgefahrenen Situationen. Einmal empfahl mir mein Großmarkt-Kontakt fangfrische Felchen: einen hellen, festen und grätenarmen Süßwasserfisch, der aus dem Bodensee stammte, sich hervorragend verarbeiten ließ und zumindest in unserer Gegend relativ unbekannt und somit etwas Besonderes war. Ich nahm die ganze Kiste und war fest entschlossen, am Abend meinem gesamten Restaurant in Butter gebratene Bodensee-Felchen im Ganzen zu verkaufen.

»Die müssen Sie unbedingt probieren«, sagte ich zu jedem, der mich nach meiner Tagesempfehlung fragte. »Frischer gibt's die nicht mal in Lindau oder Konstanz.«

Mein Verkaufstalent zeigte Wirkung. Als ich später aus der Küche in den Gastraum schaute, blickte ich auf elf Tische, an denen das gleiche Gericht gegessen wurde. Es war zum Schießen. Ich freute mich, dass ich keinen der schönen Fische wegwerfen musste. Und die Gäste lachten selbst darüber, dass sie sich alle von mir ein Gericht aufschwatzen ließen, das sie im Zweifel überhaupt nicht kannten. Es schmeckte ihnen trotzdem, aber schräg war es schon, dass niemand etwa ein Rinderfilet bestellte, das ich selbstverständlich ebenfalls im Kühlhaus gehabt hätte. Mein Problem war nur der zwölfte Tisch. Auch dieses Ehepaar wollte die Felche haben. Allerdings war der letzte Kamerad aus meinem Einkauf mit seinen zwei Kilo Lebendgewicht zu groß, als dass ich das ganze Ding auf einen Teller knallen konnte. Ich musste ihn notgedrungen schon in der Küche filieren und dann ausgelöst servieren.

»Was soll das sein?«, fragte mich der Mann, nachdem ich das Essen persönlich an den Platz gebracht hatte. Ich versuchte, ihm die Situation zu erklären, aber es half nichts.

»Das ist mir egal. Ich möchte das, was die anderen Herrschaften auch bekommen haben.«

»Aber das haben Sie«, sagte ich und setzte noch mal zu einer ausführlichen Ausführung über mein Tagesgericht an.

»Wenn das der gleiche Fisch sein soll, wo ist dann bitte schön die Flosse?«, fragte mich der Gast schnippisch, und ich erkannte, dass ich hier nur mit zwei Gläsern Champagner aufs Haus weiterkam. Das half meistens und besänftigte auch in diesem Fall die Gemüter. Vielleicht sollte ich das nächste Mal, wenn ich eine Kiste Frischfisch einkaufte, doch noch eine Alternative anbieten.

So banal sich das jetzt anhören mag, so mutig war der Schritt für mich damals. Ich stand noch immer am Beginn meiner Laufbahn und hatte einen Arsch voll Schulden. Und dazu trotz solcher Erfolgserlebnisse die ständige Sorge, dass niemand mehr zu mir kommen würde, wenn ich die Dinge zu schnell oder zu radikal veränderte. Ich war überzeugt davon, dass der neue Weg der richtige war. Aber er führte auch ein Stück weit ins Ungewisse – umso mehr, da ich mir alles autodidaktisch erarbeitete und eben keine Praktika in berühmten Gourmettempeln wie dem »Tantris«, der »Schwarzwaldstube« oder der »Aubergine« vorweisen konnte, bei denen ich mir die Techniken eines Eckart Witzigmann oder eines Hans Haas aneignete.

Ich wollte unbedingt meine eigene Marke kreieren. Unternehmerisch beinhaltete dieser Kurs ein nicht unerhebliches Risiko. Nicht nur, dass ich jetzt deutlich mehr Geld als zuvor für den Wareneinsatz aufwendete. Objektiv gesehen war es außerdem recht unwahrscheinlich, dass jemand für den kleinen Rose und sein Essen dreißig, fünfzig oder hundert Kilometer in die westfälische Diaspora reisen würde. Klar: In Wulfen und Umgebung kannten die Leute mich beziehungsweise mein Restaurant in der Zwischenzeit. Wer aber würde in einem Dreizehntausend-Einwohner-Städtchen mehr als einmal im Monat eine Bodenseefelche essen gehen wollen? Ohne Gäste von außerhalb würde es folglich nicht funktionieren. Ich versuchte diese Gedanken schnell wieder auszublenden. Denn ich glaubte fest daran, dass sich gute Qualität immer weiter herumsprach.

Nur die anderen Köche, die mich in dieser Zeit besuchen kamen, hielten mich für komplett bescheuert. Sie fanden meine Preise zu hoch und die Portionen zu klein. »Das kannst du doch hier dafür nicht nehmen!«, war der Satz, den ich am häufigsten hörte. Diese Floskel regt mich noch immer auf. Die Lage hatte noch nie etwas mit der Güte der Produkte zu tun. Nach dieser Logik müsste sich jedes gehobene Restaurant und jedes teure Hotel entweder direkt am Brandenburger Tor, am Marienplatz oder an der Kö befinden – oder andernfalls Speisen, Getränke und Zimmer für die Hälfte des üblichen Preises anbieten.

Viele hielten mich zudem aufgrund meiner Ausbildung in einem Ausflugslokal für unterqualifiziert und ließen mich das auch spüren. Mir war das völlig egal. In deren Augen gehörte ich vielleicht nicht zur Gang, aber ich fühlte mich diesen Kollegen ohnehin nicht zugehörig.

Salamons Rat trug trotz der gelegentlichen Stolpersteine und Anfeindungen meiner lieben Mitbewerber Früchte. Nach und nach bemerkte ich, wie meine Gäste das neue Konzept mitgingen. Natürlich kamen manche auch nicht wieder, weil ihr Hauptanliegen war, sich nach dem Essen den obersten Knopf ihrer Hose lockern zu müssen. Die meisten aber fanden die Veränderungen gut. Es trat das ein, was ich mir erhofft hatte: Die Mundpropaganda zufriedener Kunden erweiterte mein Einzugsgebiet. Es kamen sogar die ersten Kritiker einschlägiger Magazine und schrieben durchaus wohlwollend. Jeder einzelne überregionale Artikel, in dem es hieß, dass sich der Besuch in Wulfen lohnte, half uns enorm weiter.

Dadurch war ich endlich in der Lage, etwas Geld in meine Infrastruktur zu stecken. Die Optik des Lokals und das, was sich auf den Tellern befand, passten längst nicht mehr zusammen. Es war, als würde man in einem klapprigen Oldtimer sitzen, dessen neuer V6-Motor durch die verrostete Karosserie überhaupt nicht richtig zur Geltung kam. Ich wusste, dass ich nur dann meine kulinarische Identität stärken konnte, wenn alles eine Einheit bildete.

Nach und nach veränderte ich die gesamte Einrichtung. Zunächst kaufte ich neues Geschirr und andere Gläser. Es war bemerkenswert, welcher Effekt sich allein dadurch erzielen ließ, dass eine Suppe nicht mehr in den braunen Keramikschüsseln vom alten Kintrup serviert wurde, sondern in modernen, tiefen weißen Tellern mit breitem Rand. Wenn ich wieder ein paar Mark auf die Seite legen konnte, investierte ich in neue Stühle, Tische oder Lampen. Eines Tages konnte ich sogar die verhassten Butzenscheiben durch normales Fensterglas ersetzen, was den gesamten Raum sofort heller und freundlicher machte. Und die bislang beigen Wände wurden natürlich: grau.

1999 bekam ich einen neuen Lehrling. Ich bemerkte gleich, dass er mehr Talent besaß als viele andere junge Köche, die ich bis dahin kennengelernt hatte. Sein Name war Oliver Engelke. Trotz seines Alters – er war immerhin sechzehn Jahre jünger als ich – lagen wir irgendwie von Anfang an auf einer Wellenlänge. Er war nicht nur handwerklich begabt, sondern auch grundehrlich. Auch durch ihn stellte ich fest, was ich in den letzten acht Jahren alles falsch gemacht hatte in Sachen Personalführung. Ohne es zu bemerken, war ich nach meiner anfänglichen und aufgesetzten Lockerheit nach und nach zu demselben Panzerschädel geworden wie all die Typen, die mir zuvor dauernd auf die Nüsse gegangen waren.

Weil ich niemandem wirklich etwas zutraute, werkelte ich tagaus, tagein allein vor mich hin. Statt Aufgaben ordentlich zu delegieren und meine Mitarbeiter in meine kreativen Prozesse mit einzubinden, ließ ich mir allenfalls bei meiner Arbeit assistieren. Viele an sich gute Ideen bügelte ich einfach ab. Ich organisierte unsere Abläufe nicht optimal und schuf so ein sehr unproduktives Arbeitsklima. Vor lauter eigenen Ängsten wurde ich laut, wenn es dazu keinen Anlass gab, schimpfte wegen Kleinigkeiten und baute um mich herum eine Mauer auf, die zum Schluss niemand mehr überwinden konnte oder wollte. Angestellte kamen und gingen wieder. Selbst meine Mutter war längst wieder in ihren Betrieb zurückgekehrt. Erst als Oliver bei uns andockte und ich mir sicher war, einen solchen Mann nicht verlieren zu wollen, setzte langsam ein Umdenken ein. Ich musste mir Hilfe holen, wenn ich nicht vollends so werden wollte wie Schmitz und die anderen. Zwar hätte ich niemals jemanden körperlich angegangen, und hätte sich einer die Füße verbrannt, wäre ich sicherlich höchstpersönlich mit ihm ins Krankenhaus gefahren, aber mein Ton wurde immer unsachlicher und unbeherrschter. Wenn ich hier nicht schnell auf die Bremse trat, nutzten mir die schönste Möblierung und der edelste Rotweinkelch nichts.

Vor dem »Restaurant Frank Rosin«

Daher wandte ich mich nach anfänglichem Zögern an einen professionellen Personalberater. Der Schritt kostete mich jede Menge Überwindung, denn bislang hatte ich mir alles selbst beigebracht – die handwerklichen Kniffe, aber eben auch die schlechten Angewohnheiten. Ich ließ es zu, dass mich der Berater einige Zeit bei meiner Arbeit beobachtete. Anfangs hielt ich das für Firlefanz, aber nach ein paar Stunden hatte ich seine Anwesenheit vergessen und verhielt mich genau wie immer. Das war genau das, was der Experte sehen und hören wollte. Er beobachtete uns, machte sich Notizen und sprach viel mit meinen Leuten. Im Anschluss zeigte er mir klipp und klar meine Fehler auf. Das fühlte sich an, als blickte ich in einen Spiegel und sah nicht mich, sondern einen wildfremden Kerl. Ich war wie vor den Kopf gestoßen, weil mir das meiste, was er kritisierte, gar nicht mehr auffiel. Andererseits war ich froh, dass all die Unzulänglichkeiten nun ausgesprochen worden waren.

Von da an änderte ich meine komplette Herangehensweise bei der Personalauswahl und der Strukturierung meines Betriebs. Schon vorher war mir nicht besonders wichtig gewesen, welche Zeugnisse und Referenzen man besaß. Aber wie ein neuer Mitarbeiter ins Team passte, bezog ich in meine Entscheidung kaum mit ein. Für mich war glasklar, dass nur ich die Zügel in der Hand hielt und alle anderen damit in meine Richtung lenkte. Nun wurde mir bewusst, dass wir alle zusammen eine Einheit bilden mussten, sonst konnte ich mir alle höheren Ziele an den Hut stecken. Und in dieser Einheit musste auch jedem bekannt sein, was er oder sie wann zu tun hatte. Das betraf auch und gerade mich selbst: Bis jetzt hatte allein ich mich um den Einkauf oder die Erstellung der Speisekarte gekümmert. Es gab aber außer meinem Ego keinen Grund, warum das nicht genauso gut auch ein anderer machen konnte. Ich ernannte Oliver zum Küchenchef und übertrug ihm diese Aufgaben. Für mich war das ein riesiger Schritt. Aber nachdem ich ihn gegangen war, fühlte es sich verdammt gut an.

Die neue Linie galt auch für unsere Dienstpläne. Arbeitszeiten waren dazu da, um eingehalten zu werden. Natürlich konnte es immer mal passieren, dass außergewöhnliche Umstände Überstunden erforderten. Die wurden aber baldmöglichst abgefeiert. Dadurch konnte man ein freies Wochenende mit den Kindern genießen, wenn es zuvor so abgemacht war. Was nutzten mir die besten Kellner oder die tollsten Köche, wenn zu Hause die Beziehungen kaputtgingen oder irgendwann ein Burn-out drohte. Um weiter zu wachsen, brauchte ich Menschen mit einer positiven Energie.

Bis zu diesem Zeitpunkt war ich außerdem wie die meisten anderen Gastronomen geradezu manisch besessen davon, das Weihnachts- und Silvestergeschäft mitzunehmen. Es glich einem Sakrileg, das Lokal über die Feiertage zu schließen, weil in dieser

Zeit der vermeintlich größte Umsatz des ganzen Jahres gemacht wurde. Auch ich dachte so, bis ich mich in einem ruhigen Moment mit meinem Steuerberater zusammensetzte und Punkt für Punkt alles durchging. Natürlich waren am 25., 26. und 31. Dezember sämtliche Tische reserviert und die Menschen bereit, etwas mehr für ihr Menü zu bezahlen. Wenn ich aber die Zuschläge für das gesamte Personal dagegenrechnete und die zusätzlichen Kosten für Aushilfen, die man brauchte, um des Ansturms Herr zu werden, sah die Sache schon ganz anders aus. Außerdem versaute ich nun niemandem mehr die Festtage, was die Stimmung bei den Beschäftigten deutlich verbesserte. Seitdem sind im Restaurant Rosin von Ende Dezember bis Anfang Januar Betriebsferien – und wir sehen uns alle entspannt im neuen Jahr wieder.

Nach diesen Schritten veränderte ich bewusst auch die Fehlerkultur. Mein ganzes Berufsleben wurde von der Einstellung geprägt, dass Fehler einfach nicht passieren dürfen. Daraus entstand eine immer größere Angst, die mich und meine genauso eingeschüchterten Kollegen in unserer Eigenständigkeit und Kreativität total blockierte. Schon damals, als mir mein Vater den Einlauf verpasste, weil ich mit dem Lkw in den Bierstapel auf unserem Hof rumpelte, bekam ich eingebläut, dass ich riesigen Mist gebaut hatte – und das, obwohl ich den Lkw niemals fahren hätte dürfen. Wie aber sollte ich mich – selbst mit Führerschein – jemals wieder selbstbewusst hinters Steuer eines Kraftfahrzeugs setzen, wenn ich nur noch daran dachte, was dabei alles schiefgehen konnte und welcher Ärger mir danach drohte.

So ging es in der Lehre weiter: Mit jedem Anschiss meiner Chefs wurde ich gehemmter. Am Ende befolgte ich nur noch Befehle und traute mich schon gar nicht, etwas Neues auszuprobieren. Ohne es zu bemerken und vor allem ohne es zu wollen, war ich aber fast genauso engstirnig geworden wie meine Ausbilder, die ja ihrerseits nur aus einer großen Unsicherheit heraus agiert hatten. Wenn etwa in den ersten Jahren ein Teller zurück in die Küche kam, auf dem noch ein kleines Stück Fleisch in der Ecke lag, wuchsen schon die Selbstzweifel.

»War was damit?«, fragte ich dann den Kellner, der den Tisch abgeräumt hatte.

»Nö«, hieß es dann. »Alles in Ordnung, Chef.«

Ich aber drehte und wendete den Teller hin und her und fragte mich, was ich wohl falsch gemacht hatte, weil der Gast den letzten Bissen nicht aufessen wollte.

Nun begriff ich, dass Fehler die Triebfeder von allem waren – gerade in unserem Beruf. Klar, es gab Dinge, die sollten besser nicht schiefgehen. Einem Nussallergiker ein Dessert zu empfehlen, in dem Cashewkerne verarbeitet waren, galt es ebenso zu vermeiden, wie den Hauptgang für eine Reservierung mit zehn Personen im Ofen verbrennen zu lassen. Aber ansonsten bekamen wir jeden Tag eine neue Chance, uns zu verbessern und die Sache zu unseren Gunsten zu verändern – sei es durch den Umgang mit dem Gast, sei es durch Kommunikation oder durch das Kochen an sich. Wir hatten alles selbst in der Hand. Wenn man das erst mal begriff, fühlte es sich verdammt gut an. Und ich war jetzt so weit.

Durch die neue Aufteilung und die veränderte Einstellung erhielt ich deutlich mehr Freiheiten, mich auch um andere Sachen zu kümmern. Ich wollte schließlich neben meiner angestammten Rolle als Gastronom auch als Unternehmer vorankommen, um nicht immer nur auf das Restaurant an sich angewiesen zu sein. Einerseits wurde das Cateringgeschäft immer wichtiger. Andererseits versuchte ich mich schon seit einer geraumen Zeit als Betreiber eines zweiten Lokals. Das war so nicht geplant gewesen, aber ich rutschte mehr oder weniger in die Sache hinein.

Meine Eltern hatten sich bereits vor einigen Jahren getrennt, weil ihre beiden Lebensentwürfe irgendwann einfach nicht mehr zusammenpassten. Mein Vater verwand es nie, dass sein Betrieb durch die Betrügereien eines Dritten und seine eigene Blauäugigkeit zerstört worden war. Dadurch lebte er vorwiegend in der Vergangenheit. Seine Frau besaß hingegen die Fähigkeit, Dinge auch mal abhaken und nach vorn blicken zu können – etwas, das ich zum Glück von ihr geerbt habe. Durch diese beiden grundverschiedenen Sichtweisen entstanden immer mehr Konflikte, die unweigerlich zum Scheitern ihre Ehe führten. Das war zwar schade, aber für alle besser so.

Seit Kurzem hatte meine Mutter einen neuen Partner an ihrer Seite, was ich ihr von Herzen gönnte. Nach all der Maloche in den letzten Jahren und der Trennung hatte sie eine neue Chance verdient.

»Sag mal, wollen wir nicht ein Hotel zusammen aufziehen?«, fragte mich Mutters Lebensgefährte eines Tages. »Ich hab da ein echt dickes Ding am Laufen.«

Tatsächlich hatte er einen Dorstener Hausbesitzer kennengelernt, der gerade sein altes Geschäftsgebäude in Hervest, nur eine Straße weiter vom »Glückauf-Grill«, sanieren ließ und sich von einem Hotelbetrieb mehr Einnahmen versprach als von einem Mietshaus mit Ladeneinheit im Erdgeschoss. Ich war zuerst skeptisch, schaute mir dann aber aus purer Neugier das Objekt näher an. Es handelte sich um ein nettes Eckhaus mit weißer Fassade, geschwungenen Erkern und einem breiten Bürgersteig, der sich gut als Terrasse eignen würde. Kurzum: Das Haus gefiel mir. Nach ein paar Tagen Bedenkzeit fand auch ich die Idee eines Beherbergungsbetriebs gerade in dieser Gegend gar nicht mal so schlecht. Das Hotel sollte fünfundzwanzig schnuckelige Zimmer bekommen und hatte meines Erachtens schon allein mangels unmittelbarer Konkurrenz eine gute Chance, sich dauerhaft zu etablieren. Dorsten war sicherlich nicht das Touristenziel Nummer eins, aber wenn in Essen, Dortmund oder Bochum große Messen stattfanden, waren sämtliche Hotels im gesamten Umkreis ausgebucht. Außerdem fragten auch in meinem Restaurant immer wieder Gäste nach Übernachtungsmöglichkeiten ganz in der Nähe. Und die gab es eben kaum.

Für mich stand allerdings fest, dass ich nur dann mit einstieg, wenn ich hier gleichzeitig eine neue Art von Gastronomie aufziehen konnte. Das war auch die Bedingung des Investors gewesen, der Mutters Freund nur deshalb als Geschäftsführer einstellte, weil ich ein Teil von dessen großspurigen Plänen war. Nach einigem Hin und Her einigten wir uns darauf, im Parterre ein Bistro einzurichten, das ebenso wie das neue Hotel »La Vie« heißen sollte. Dieser Name versprach etwas Leichtes, Weltoffenes, Fröhliches, was gut zu meinem kulinarischen Konzept passte, das ich mir ausgedacht hatte. Ich wollte eine authentische, französisch-belgisch angehauchte, unkomplizierte Küche ausprobieren, die auch für die Dorstener selbst eine Anlaufstelle mit Alleinstellungsmerkmal sein würde.

Gesagt, getan. Nach einem monatelangen Umbau war alles fertig. Wir beschafften die typischen kleinen Tischchen aus Holz mit dazu passenden Stühlen, ließen einen schicken Fliesenboden einziehen, dekorierten die Wände mit Spiegeln und Bildern und entwickelten eine Speisekarte mit klassischen Gerichten vom Crêpe bis zum Entrecôte. Ich war stolz: So oder so ähnlich sah das in Paris oder Brüssel auch aus. Fehlte nur noch, dass ich mir eine Baskenmütze aufsetzte und jeden Morgen mit einem Bündel ofenfrischer Baguettes über die Straße lief. Leider hielt meine Euphorie nicht lange an.

Mutters Partner stellte sich nämlich schnell als komplett untauglich für die Gastronomie heraus. Nicht nur weil er mir ständig in meine Angelegenheiten hineinquasselte, obwohl er sich null mit den speziellen Belangen der Branche auskannte. Das Problem lag hauptsächlich darin, dass er selbst der beste Gast in unserem schönen Bistro war. Anstatt sich um die anfallenden Büroangelegenheiten, Dienstpläne oder die Disposition zu kümmern, saß er nahezu jeden Tag an ein und demselben Tisch. Wenn neue Gäste zur Tür hereinkamen, stand er kurz auf und spielte den großen Zampano, obwohl er sonst rein gar nichts zum Betrieb beitrug. Anstatt mit mir an einem Strang zu ziehen, gab er mir zu verstehen, dass ich hier rein gar nichts zu melden hatte.

»Der Chef bin ich«, rief er mir entgegen, nachdem ich in der Küche ein, zwei Ansagen machte, wie ich mir die Anrichteweise vorstellte oder was am nächsten Tag auf die Karte sollte.

So konnte ich nicht arbeiten. Meiner Mutter zuliebe versuchte ich dennoch so lange ruhig zu bleiben, wie es nur ging. Aber nach rund eineinhalb Jahren war meine Geduld am Ende. Ich hatte jede Menge Kraft und Arbeit ins »La Vie« investiert. Aber ich konnte nicht Gefahr laufen, mich daran komplett aufzureiben und dadurch das Restaurant oder das Catering zu vernachlässigen, wo es dort endlich spürbar aufwärtsging.

»Mama, es geht nicht mehr. Ich halte den Kerl nicht mehr aus«, sagte ich aufgewühlt zu ihr, als ich mal wieder nach einem heftigen Zoff aus Hervest zurückgekommen war.

»Ich weiß«, sagte sie verständnisvoll. »Das mit euch beiden funktioniert nicht.«

Damit war ich raus. Um das Hotel und das Bistro tat es mir wirklich leid. Das hätte echt was werden können.

Nichtsdestotrotz reizte es mich weiterhin, neben dem Wulfener Restaurantbetrieb noch ein anderes Betätigungsfeld auszuprobieren. Kurz nach Olivers Einstieg bei uns erfuhr ich, dass die ehemalige Marienschule in Dorsten zu verpachten stand. Das historische Gebäude war bereits Ende des neunzehnten Jahrhunderts gebaut worden und beherbergte in seinen Glanzzeiten bis zu siebenhundert Schüler. Als die ausgezogen waren, verfiel der Kasten zusehends. Zuletzt hatte er als Unterkunft für Geflüchtete gedient, nachdem zuvor die Stadtbücherei und diverse Ämter dort untergebracht waren. Die Stadt wollte plötzlich nicht mehr, dass ein solches Schmuckstück leer vor sich hin gammelte. Deshalb änderte die Verwaltung den Bebauungsplan dahingehend, dass nun auch eine gastronomische Nutzung erlaubt wurde. Das eröffnete ungeahnte Möglichkeiten. Ich sah mir die alte Schule an und war begeistert. Allein die sechs Meter hohen Decken waren ein absoluter Knaller, dazu kamen noch die verschiedenen Räumlichkeiten, die man – wenn man das Haus an den richtigen Stellen entkernte – zu großen Sälen umwandeln konnte.

Ohne groß darüber nachzudenken, was ein Umbau insgesamt kosten und welch enorme Arbeit damit auf mich warten würde, unterschrieb ich einen langfristigen Pachtvertrag. Die nächsten Monate segelte ich einmal mehr an der Grenze der Belastbarkeit. Zwar konnte das Restaurant dank Olivers Mithilfe jetzt notfalls auch mal einen Tag ohne mich auskommen. Aber in der Marienschule wartete hinter jedem Stein, den wir dort aus der Wand klopften, die nächste böse Überraschung. Mal waren es alte Wasser- oder Stromleitungen, die niemand auf dem Schirm hatte, weil längst keine Pläne mehr existierten. Ein anderes Mal gab es Probleme mit der Statik. Und selbstverständlich wurde das Vorhaben viel, viel teurer, als ich mir das am Anfang vorstellen mochte. Es war ein Fass ohne Boden!

Nach einem Dreivierteljahr voller kleinerer und größerer Schreckmomente war dennoch alles fertig. Es glich einem Wunder: Wir hatten aus den früheren Klassenzimmern zwei riesige Gasträume gemacht, die sich links und rechts vom ehemaligen Eingangsportal befanden. An den Decken hingen nun anstelle der alten Leuchtstoffröhren schwere Kronleuchter aus Stahl. Die Wände waren freigelegt und verströmten einen schicken industriellen Charme. Doch das Herzstück des Ganzen bildete eine knapp dreizehn Meter lange Bar, an der man wahlweise stehen oder sitzen konnte. Als ich das sah, fühlte ich mich schlagartig wieder wie achtzehn. Ich gab meinem neuen Baby einen Namen, der – wie ich fand – ziemlich cool nach Großstadt, cooler Musik und ausgelassener Party klang: »Opus One«. Jetzt war ich mir sicher, dass die Mischung aus Bistro-Kneipe mit Essensangebot bis zweiundzwanzig Uhr und anschließendem Barbetrieb junge Leute aus dem ganzen Ruhrgebiet anlocken würde. Und genauso kam es auch.

Schon wenige Wochen nach der Eröffnung war der Andrang so groß, dass wir einen Sicherheitsdienst für den Einlass engagieren mussten. Die Konzession war nur für zweihundertfünfzig Gäste vorgesehen, aber allein so viele warteten an manchen Abenden vor der Tür, bis sie endlich reindurften. Das führte natürlich oft zu Chaos rund um den Eingang. Die Autos standen in Dreierreihen auf der Straße, und selbst der Parkplatz des gegenüberliegenden Stahlwerks, den wir bald zur Vermeidung eines völligen Verkehrskollapses mitbenutzen durften, war meistens überfüllt. Spätestens als sich der ein oder andere Disco-Betreiber aus Münster, Gelsenkirchen oder Recklinghausen vorsichtig erkundigte, was denn Freitag oder Samstag bei uns abging, wusste ich, dass ich mit dem Laden einen Volltreffer gelandet hatte. Die Konkurrenz im Umkreis wollte herausfinden, ob es sich lohnte, selber überhaupt aufzusperren.

Meine Arbeitsteilung zumindest an den Wochenenden sah nun so aus, dass ich bis dreiundzwanzig Uhr in Wulfen am Herd stand und immer donnerstags bis samstags ins »Opus One« rüberfuhr. Am Anfang stellte ich mich sogar selbst an die Plattenteller. Einerseits machte ich das aus purem Spaß, aber ein bisschen auch, um das Honorar für etwaige Gast-DJs zu sparen. Es dauerte aber nicht lange, bis wir die ersten Anfragen von Booking-Agenturen erhielten, die ihre Schützlinge an uns vermitteln wollten. Und so kam es, dass bald berühmte Szenegrößen wie Tom Novy, Mark Oh oder Phil Fuldner ins beschauliche Dorsten fuhren, um in einer zur Cocktailkneipe umgebauten ausgemusterten Grundschule aufzulegen. Ich hatte das Lokal nie als Techno- oder House-Diskothek angelegt und folglich auch nicht als solche genehmigen lassen. De facto aber gehörte das »Opus One« eine Zeit lang zu den angesagtesten Clubs des Landes. Als die damals schwer angesagten »Disco Boys« aus Ibiza einflogen, direkt vom Düsseldorfer Flughafen in einer dunklen Limo zu uns kamen, sich kurz umsahen und anschließend loslegten wie die Feuerwehr, hatte ich ernsthaft das Gefühl, dass uns gleich das Dach von der Hütte fliegt. Mehr konnte im Berliner »Tresor« oder dem Frankfurter »Dorian Gray« auch nicht abgehen.

Der Laden entwickelte eine unfassbare Eigendynamik und zog binnen weniger Monate eine immer illustrer werdende Klientel an. Zuerst waren es nur ein paar Lokalpromis, die bei uns vorbeischauten. Dann kamen die ersten Bundesligaprofis aus Bochum, Dortmund oder Schalke vorbei. Und irgendwann feierten überregional bekannte Schauspieler, TV-Moderatoren und Musiker bis fünf Uhr in der Früh zusammen mit der Dorstener Jugend. Es war vollkommen irre.

So geil ich die Stimmung im »Opus One« auch fand, so viel Kraft kostete mich die Doppelbelastung im Lauf der Zeit. So wie ich es in meiner Küche handhabte, wollte ich hier auch alles perfekt haben. Aber um die Perfektion zu erreichen, die ich mir vorstellte, war der Laden schlussendlich zu klein. Und leider war er ebenfalls zu klein, um damit richtig Geld zu verdienen. Wir waren Gefangene unseres eigenen Erfolges geworden: voller Laden, aber zu wenig Umsatz! Wenn an einem Samstagabend ein internationaler Top-Star für eine Gage von zehntausend Mark an den Turntables stand, konnte ich nicht in der Woche drauf aus Spargründen Heini Püttelkamp verpflichten, der als Alleinunterhalter für einen Fuffi und Freibier auftrat. Mit zweihundertfünfzig Gästen aber ließen sich die Umsätze, die es für solche Hausnummern gebraucht hätte, nicht erzielen.

So weh es mir tat, es half alles nichts: Nach drei Jahren gab ich das »Opus One« schweren Herzens ab. Ich hatte Unmengen an Zeit, Kohle und Leidenschaft hineingesteckt und unter dem Strich praktisch kein Geld verdient. Aber zumindest hatte ich extrem viel Spaß zurückbekommen – und einige sehr tiefe Augenringe. Dazu erhielt ich ganz nebenbei noch eine wichtige Erkenntnis: Man sollte sich langfristig lieber auf eine einzige Sache konzentrieren. Disco-Boss, Aushilfs-DJ, Künstler-Booker, VIP-Betreuer, Küchenchef und Restaurantbetreiber in einem war dann doch ein bisschen viel.

Ungefähr ab dem zehnten Jahr nach der Eröffnung hatte das Restaurant endlich eine unverwechselbare Handschrift bekommen – und eine eingeschworene Crew, die bedingungslos für diese Handschrift stand. Wir hatten unsere eigene Marke kreiert. Oliver und ich besaßen das Selbstbewusstsein, nur noch das zu kochen, was uns gefiel und was wir für authentisch und kulinarisch sinnvoll hielten. Oder auf gut Deutsch: was uns selber schmeckte. Meine konzeptionellen Änderungen gingen voll auf. Und als Chef war ich viel reifer geworden. Mit Jochen Bauer war außerdem ein genialer Restaurantleiter dazugekommen, der unsere Truppe perfekt ergänzte. Er entlastete mich in der gesamten Organisation, kümmerte sich um Personalplanung und Urlaubseinteilung, überwachte die Budgets, koordinierte die Reservierungen, war Ansprechpartner für die Gäste und so weiter. Wir waren auf einem guten Weg. Das spürte ich. Aber was dann kam, haute mich trotzdem erst mal aus den Latschen.

Am Morgen des 1. Dezember 2003 lag ich noch im Bett, als mein Handy klingelte. Es war Montag, und das Wochenende war wieder sehr anstrengend gewesen. Wir hatten die Bude zweimal rappelvoll, und der Sonntag war für Büroarbeiten und anderen Schriftkram draufgegangen. Derart unsanft geweckt, schaute ich mürrisch aufs Telefon, weil ich gerne noch ein Stündchen länger gepennt hätte. Der Anrufer, der es wagte, mich in aller Herrgottsfrühe zu stören, war mein Freund Stefan Manier. Er hatte es offenbar zuvor schon mehrfach bei mir versucht, was ich im Tiefschlaf jedoch nicht gehört hatte: Fünf Anrufe in Abwesenheit zeigte das Display an. Ich hatte keinen Bock, mich zurückzumelden, stellte das Gerät auf lautlos und drehte mich noch mal um.

Stefan war ebenfalls Koch, im Vergleich zu mir hatte er es aber schon zu hohen gastronomischen Ehren gebracht. Er begann seine Karriere in einem Kurhotel in seinem Geburtsort Bad Pyrmont und arbeitete danach jahrelang beim schon erwähnten Drei-Sterne-Papst Winkler in dessen »Residenz« in Aschau. Seit einiger Zeit war Stefan ebenfalls in NRW zugange und hatte im Restaurant »Ars Vivendi« in Bad Laasphe sogar schon einen Michelin-Stern erkocht. Durch die räumliche Nähe sahen wir uns häufiger als früher und hatten einen guten Draht zueinander. Aber dass er mich an meinem heiligen Ruhetag aus den Federn holte, musste echt nicht sein – das hätte ihm vermutlich ebenso wenig gepasst. Gegen Mittag rief ich ihn dann doch an, denn er hatte es seitdem noch ein paarmal probiert.

»Sag mal, Alter! Was ist heute bloß los?«, fragte ich ihn und legte ein Maximum an Missbilligung in meine Stimme.

»Ja weißt du es denn noch nicht?«, fragte er.

»Was? Was soll ich wissen?«, antwortete ich und wurde langsam wirklich sauer. So etwas konnte ich erst recht nicht leiden.

»Unglaublich! Du weißt es wirklich nicht. Steht doch schon auf ›Spiegel Online‹. Du hast ’nen Stern gekriegt, Mann! Herzlichen Glückwunsch.«

Ich musste mich sofort setzen, weil ich befürchtete, dass ich entweder ohnmächtig werde oder mein Herz gleich ganz stehen bleibt. Mit diesem Knaller hatte ich null Komma null gerechnet. Klar machte ich mir immer mal wieder Gedanken, ob eine solche Auszeichnung eines fernen Tages möglich sein würde. Aber zu diesem Zeitpunkt hatte sich ein Stern nicht angekündigt, obwohl ich mit unserer Gesamtleistung in den vergangenen ein, zwei Jahren wirklich sehr zufrieden war. Trotzdem: Mein Laden war ein kleines Dorfrestaurant in einem unscheinbaren Achtzigerjahre-Bau, das auf Schweinelendchen und Bandnudeln mit Käsesoße aufgebaut worden war. Die häufigste Reaktion von den Gästen, die uns zum ersten Mal besuchten, lautete: »Ach, das ist es? Hätte ich mir ganz anders vorgestellt.« Und nun sollte das Ding ganz offiziell zu den besten Lokalen Deutschlands gehören? Wow.

Nach dem ersten Schock musste ich erst mal ein wenig für mich sein und die Sache sacken lassen. In der letzten Zeit, nachdem ich das »Opus One« abgegeben hatte und mich wieder ganz aufs Restaurant konzentrierte, waren bei mir immer mal wieder Angebote eingegangen, für bekannte Betriebe auf der ganzen Welt zu arbeiten – die Branche an sich war gut vernetzt und unterm Strich recht überschaubar. Aber ich wollte nicht in einem Angestelltenverhältnis Küchenchef in einem internationalen Fünf-Sterne-Schuppen sein, der einmal im Monat sein Fixgehalt überwiesen bekam, eine geregelte Wochenarbeitszeit herunterschrubbte und nur als kulinarisches Maskottchen für einen großen Gastronomiekonzern oder einen sendungsbewussten Hotelmanager diente. Ich wollte genau dort bleiben, wo meine familiären und beruflichen Wurzeln lagen.

Nach Stefans Anruf hatte ich ein paar Minuten lang das Gefühl zu ersticken. Daher meldete ich mich als Erstes bei einer guten Bekannten und bat sie, schnellstmöglich zu mir zu kommen. Ich brauchte jetzt jemanden, der nichts mit der Gastronomie zu tun hatte und mit dem ich ganz unbefangen reden konnte. Ich schaltete mein Handy aus und ging mit ihr zwei Stunden im Wald spazieren, um erst mal wieder Luft in die Lungen und in den Kopf bekommen. Es war seltsam: Obwohl ich mich eigentlich freuen sollte wie verrückt, konnte ich es nicht. Nicht unmittelbar zumindest. Nachdem wir uns am frühen Nachmittag wieder voneinander verabschiedet hatten, lief ich noch immer ziellos in der Gegend herum. Dann setzte ich mich ins Auto und fuhr zum Lokal. Ganz langsam sickerte in mein Kleinhirn durch, dass dieser Stern echt mega war. Ich informierte sofort mein ganzes Team.

»Frank, das ist ja wunderbar«, freute sich meine Mutter. »Ich bin so stolz auf dich.«

Das war ich jetzt schon auch, selbst wenn sich meine Euphorie weiterhin eher nach innen orientierte. Es gab ohnehin keine schmuckvolle Urkunde, die mir irgendwie feierlich überreicht wurde – nur eine offizielle Mitteilung über das, was bereits in den Medien stand. Aber mehr brauchte ich auch nicht. Ich hängte auch das prägnante rote Schild, auf dem der weiße Stern aufgedruckt war, nicht vor dem Lokal auf. Mir reichte das Wissen darüber, dass mein Restaurant ab sofort in der Bibel stand. Das handhabe ich übrigens bis heute so, obwohl sich zum ersten noch ein zweites Sternchen gesellt hat.

frank_rosin Haben heute von ganz lieben Menschen unsere Lieblingsauszeichnung erhalten. Bin unfassbar Stolz auf meinen Headchef @_oliverengelke_ @jochenbauer und Team
@Thomas Klein, GF Vorstand vertrieb.
@metro_deutschland
Andreas Heil, head of key Account
@olaf_hertlein @michelinguide
@green.rosin #mygreenrosin
@martin.behle @lisetimmer

Bearbeitet · 142 Wo.

Gefällt 4.387 Mal

10. MAI 2019

Der zweite Michelin-Stern folgte 2011

In den folgenden Tagen empfand ich vor allem eine extreme Genugtuung darüber, dass sich unser Kurs, den wir vor einigen Jahren begonnen hatten, als absolut richtig herausstellte. Dieser Stern war der Lohn für harte und konsequente Arbeit. Und eine gute Basis, um genauso weiterzumachen. Darauf hatte ich nun mehr Lust als je zuvor – egal welche internationalen Anfragen künftig im Briefkasten landeten. An einem der nächsten Abende feierten wir im Team eine kleine gemeinsame Party und luden ein paar langjährige Stammgäste dazu ein. Ich bedankte mich bei meinen Leuten, zudem noch bei meiner Bank, die durch ihren Kredit am Anfang das Ganze überhaupt erst ermöglicht hatte. Die Jungs hatten in der Zwischenzeit zwar auch ordentlich mit mir verdient, allein schon wegen der horrenden Zinsen. Aber ich hatte damals das Ding hier ohne Netz und doppelten Boden aufgesperrt. Im schlimmsten Fall hätte die Nummer auch mit einem Totalabsturz enden können.

In den ersten Monaten merkte ich, dass sich unser Publikum erweiterte. Es gab viele Neugierige, die aufgrund der Berichterstattung auch von außerhalb Nordrhein-Westfalens zu uns kamen – einfach weil sie wissen wollten, was der unbekannte Newcomer mit seiner Truppe da in der Provinz auf die Teller brachte. Diese Neugier auf kulinarische Erlebnisse, die sich in der Bewertung widerspiegeln soll, brachte der »Guide Michelin« mit der Umschreibung seiner Expertise seit jeher charmant auf den Punkt: Der erste Stern bedeutet, dass das Restaurant »eine Küche voller Finesse« anbietet und deshalb »einen Stopp wert« ist. Zwei Sterne klassifizieren eine »Spitzenküche«, die »einen Umweg« rechtfertigt. Und der dritte Stern bezeichnet eine »einzigartige Küche«, die sogar »eine Reise wert« wäre. Jetzt war ich also schon mal beim Stopp angelangt.

Außerdem beflügelte mich dieser Ritterschlag, gastronomische und kulinarische Werte auf eine andere Weise zu betrachten.

Er führte darüber hinaus dazu, dem Teambuilding eine nochmals gesteigerte Aufmerksamkeit zu widmen. Schließlich erhielt ich nur so mehr Freiheiten, mich als Gastronom und Unternehmer weiterzuentwickeln. Ein Küchenchef, der jeden Tag von früh bis spät in seiner Küche stand, blieb zwar immer ein Küchenchef. Das aber reicht für einen nachhaltigen, vor allem ökonomischen Erfolg heutzutage nicht mehr aus. Ich wollte vielmehr, dass der Laden zwar meine unverwechselbare Signatur trug, die aber von Oliver und den anderen mindestens genauso gut geschrieben werden konnte wie von mir. Deshalb kümmerte ich mich darum, dass im Idealfall mehr Menschen als bisher vom Namen Rosin leben konnten.

Natürlich rief dieser Stern auch wieder die lieben Kollegen auf den Plan. Ungefragt bekam ich eine Vielzahl Meinungen mitgeteilt, die fast allesamt den gleichen Tenor hatten: »Wieso bekommt der einen Stern?« – »Der hat doch gar keine richtige Ausbildung dafür.« »Das hat der überhaupt nicht verdient.« Und das waren noch die netteren Aussagen. Mir war das genauso einerlei wie all die dämlichen Anfeindungen zuvor. Mir war selbst klar, nicht der beste Koch dieses Planeten zu sein. Aber ich wusste eben auch, dass ich wie wenige andere das Verhältnis zwischen verwendeten Produkten, Dienstleistungen, Sozialkompetenz und unternehmerischer Fortentwicklung einzuschätzen musste, um höhere Ziele zu erreichen. Ein gutes Essen zuzubereiten allein reicht nicht mehr. Das schafften mittlerweile sicherlich selbst manche Hobbyköche besser als ausgebildete Küchenmeister, weil ein Profi oftmals nicht kochen gehen *möchte*, sondern *muss*.

In der Folgezeit baute ich unsere personelle Kompetenz weiter aus – schon allein meiner Leber zuliebe: Bislang hatte ich mich immer komplett selber um die Weinauswahl gekümmert, die mit dem ersten Stern naturgemäß nochmals etwas anspruchsvoller geworden war. Ich wehrte mich zwar auch gegen die Affektiertheit, die bei diesem Thema häufig mitschwang – Leute, die behaupteten, das Wetter am dritten Tag der Weinlese herausschmecken zu können oder beim Verkosten einer Flasche Barolo das Gurgeln anfingen wie in der Mundwasserreklame, fand ich schwierig. Dennoch brauchte man selbstverständlich ein gelebtes Wissen, um passend zum Speiseangebot den idealen Tropfen empfehlen zu können.

Es war so wie bei einem Priester, der seinen Gläubigen jeden Sonntag in der Kirche neue Geschichten aus der Bibel erzählte: Wenn er die Kapitel selbst nur quergelesen hatte, hörte ihm bald keiner mehr zu. Um glaubwürdig zu sein, musste er sich mit den Inhalten aufrichtig auseinandergesetzt haben. Das machte ich in Bezug auf Wein nun auch schon viele Jahre. Und um mir ebenjenes fundierte Wissen anzueignen, hatte ich vermutlich schon einen ordentlichen Mercedes versoffen. Als fast schon fanatischer Weinliebhaber fand ich nämlich, dass das Trinken beinahe noch wichtiger war als das Essen. Wenn bei einem Italiener die Nudeln nicht ganz al dente waren, konnte ich das verkraften. Aber wenn mir dazu ein billiger Fusel vorgesetzt wurde, dann bekam ich richtig schlechte Laune!

Eines Tages kam Susanne Spieß als Gast in mein Restaurant. Sie war Chef-Sommelière in einem Restaurant, das, im Gegensatz zu meinem, von einem Finanzier unterstützt wurde. Es gab – früher noch mehr als heute – auch etliche andere Spitzenrestaurants, die mit ihrem Betrieb hohe Verluste einfuhren, die dann von gütigen Mäzenen jahrelang ausgeglichen wurden. Wenn man keine betriebswirtschaftlichen Parameter beachten musste, war es natürlich ein Kinderspiel, sich die Lorbeeren zu erkochen. Nicht dass ich falsch verstanden werde: Selbstverständlich sind auch diese Kollegen hervorragende Köche. Aber ich empfand es einfach als ungerecht, wenn wir anderen uns bei der Bewertung denselben Kriterien unterziehen mussten wie die gesponserte Konkurrenz, die bei der Kalkulation richtig schön aus dem Vollen schöpfen durfte. Und einem Gastrokritiker war es leider nun mal schnurz, ob das getrüffelte Perlhuhn auf seinem Teller mit zwanzig Euro bezuschusst wurde oder ob es nicht nur den Gast, sondern auch den Betreiber ernährte. Jeder in der Branche weiß, wie schwer es ist, mit einem Sternerestaurant Geld zu verdienen. Ich bin ein Selfmade-Mann, habe mir alles selbst erarbeitet und musste effizient kalkulieren.

Jedenfalls hatten Susanne, ihr Mann und ich nach dem Essen ein großartiges Gespräch über Genuss, Kulinarik und natürlich Wein, das bis weit in die Nacht dauerte. »Sagen Sie mal – haben Sie vielleicht Lust, bei mir anzufangen?«, fragte ich sie am Schluss und rechnete eigentlich nicht damit, eine Zusage zu bekommen. Es war schon sehr dreist, eine so bekannte Expertin einfach anzuquatschen und abzuwerben. Aber sie konnte sich eine Zusammenarbeit offenbar vorstellen, denn sie bat vor dem Gehen um ein weiteres Treffen. Also haben wir uns nochmals für die folgende Woche verabredet, heimlich und diskret wie Geheimagenten. Wir wollten auf jeden Fall vermeiden, dass irgendjemand aus der Gastroszene etwas von unserem Termin mitbekam: Die Branche war da manchmal schlimmer als ein Haufen tratschender Frauen beim Dorffriseur. Susanne zögerte, auch aus Loyalität gegenüber ihrem bisherigen Arbeitgeber. Da zog ich meinen letzten Joker.

»Sie können bei mir machen, was Sie wollen. Das verspreche ich Ihnen. Sie müssen es nur verkaufen«, sagte ich. »Alles klar«, antwortete Susanne und lächelte. »Dann bin ich dabei.«

Diese Personalie war das i-Tüpfelchen für unser Team und die Weiterentwicklung des Restaurants an sich. Susanne spürte bei uns Verantwortung und Vertrauen gleichermaßen, was eine Seltenheit gerade in der Sternegastronomie war und leider bis heute ist. Für mich war die Verpflichtung einer so kompetenten Sommelière vergleichbar damit, dass Lionel Messi aus eigenem Antrieb beim FC Schalke unterschrieben hätte. Mit Susanne Spies spielten wir endgültig in der Champions League – und wirbelten die Szene dadurch ganz schön auf.

»Fühlst du dich eigentlich wohl bei uns?«, fragte ich sie nach den ersten sechs Monaten, in denen sie bereits zu einem unverzichtbaren Teil des Ganzen geworden war.

»Weißt du, Frank – wenn ich morgens aufstehe, dann freue ich mich einfach auf die Arbeit«, antwortete sie und lächelte mich an. »Mehr kann ich dazu gar nicht sagen.«

Das musste sie auch nicht. Es war das schönste Kompliment, das ich als Chef bekommen konnte. Heute haben wir nicht nur eine der sicherlich besten Weinkarten des Landes mit rund achthundert verschiedenen Posten. Wir produzieren in Kooperation mit sehr namhaften Winzern vierundzwanzig eigene Weine, hinter denen wir voll und ganz stehen – vom Grauburgunder für neun Euro neunzig pro Flasche bis zum edlen Champagner. Während manch anderer einfach nur den eigenen Namen aufs Etikett irgendeines Billigfusels klatscht, weil er ein paar Euro extra abgreifen will, ist es der Ehrgeiz von Susanne, immer den größtmöglichen Genuss zu entdecken, auch wenn der weniger Gewinn einbringt, als möglich wäre. Klar wollen wir auch von diesem Geschäftszweig leben. Wir machen unseren Job nicht ehrenamtlich. Aber unser oberstes gemeinsames Ziel ist es, unsere Marke weiter zu stärken. Dazu gehört seit Neuestem, unser Essen vorwiegend mit unseren Weinen anzubieten. So ist alles aus einem Guss. Und dabei ist nur wichtig, dass es perfekt zusammenpasst, und nicht, wie viel Marge in einer Pulle steckt.

Der zweite Stern folgte dann 2011. Diesmal war ich gerade zufällig in Hamburg, als mich ein Journalist anrief und über die neue Liste des »Guide Michelin« informierte. Natürlich war ich wieder ziemlich geflasht, aber das Gefühl war irgendwie anders als beim ersten Mal acht Jahre zuvor. Unser Restaurant gehörte nun schwarz auf weiß zu den besten fünfzig in ganz Deutschland. Das war noch mal eine andere Hausnummer und katapultierte den Laden und auch mich kulinarisch in eine andere Aufmerksamkeitsliga. Die Adresse Hervester Straße 18 in Wulfen war nun tatsächlich »einen Umweg wert«, was noch mehr Medien, aber auch Gourmettouristen aus ganz Europa anzog. Natürlich stieg nun die Erwartungshaltung, aber mit dem Druck konnte ich umgehen. Ich sah die Aufwertung eher als fachkundige Bestätigung dessen, wovon ich selbst zu hundert Prozent überzeugt war: Ich beziehungsweise wir waren endgültig auf dem richtigen Weg.

Mit der Arbeitsteilung, die wir heute haben, funktionieren die Abläufe perfekt. Auch wenn ich oft fürs Fernsehen oder meine anderen Unternehmensbereiche unterwegs bin, treffen wir uns regelmäßig in der Küche, und ich werfe dann eine Idee in den Ring. Mit der setzen wir uns gemeinsam auseinander und kochen. Logischerweise kann der erste Gedanke nie der letzte sein. Wenn ein Gericht, das ich mir überlegt habe, fünf Komponenten hat, dann entwickeln wir jede einzelne davon erst mal zu Ende. Wenn das passiert ist, kommt es darauf an, ob die Symbiose des Ganzen stimmig ist. Meistens müssen noch Dinge dazu und andere weggelassen werden. Und ab und zu kommt es vor, dass wir gemeinsam feststellen, dass die ganze Idee, die sechs oder sieben Wochen gereift ist, nicht funktioniert. Dann kommt sie weg.

Die besten Gerichte der letzten fünfzehn, zwanzig Jahre entstanden ohnehin aus der Spontaneität heraus. Ich war nie ein großer Brainstormer, sondern immer Bauchmensch. Niemals würde ich einen Gedanken blockieren, der von Oliver oder einem unserer anderen Mitarbeiter geäußert wird. Ich nehme mir zwar heraus, das letzte Wort zu haben, aber wenn mir jemand etwas präsentiert, das mir gefällt und in sich stimmig ist, dann wird das einfach gemacht. Dann bin ich der Letzte, der etwas nur deshalb nicht akzeptiert, weil er der Chef ist.

6

Marketing-Gags, Junge Wilde, Kabel Eins – Mein Weg vom Pausenkasper zur Fernsehfresse

Durch das mehr oder weniger zufällige Etikett als aufstrebender Jungkoch kam ich bereits früh in Kontakt mit den Medien. Reden konnte ich schon immer gut, und nach den ersten Berichten in der Lokalpresse und der sich daraus ergebenden positiven Resonanz war mir schnell klar, dass ich weiter Gas geben musste, wenn ich auf Dauer in der Provinz wahrgenommen werden wollte. Oft setzte ich mich abends nach Betriebsschluss hin und überlegte, mit welchen originellen Aktionen ich künftig auf mein Restaurant aufmerksam machen konnte. Dabei fiel mir immer wieder ein Mann ein, den ich natürlich vor allem aufgrund seines Rufs als Promikoch kannte. Aber eben auch als jemanden, der es verstand wie kein Zweiter, sich geschickt in Szene zu setzen: Alfons Schuhbeck.

Alfons trat bereits im Fernsehen auf, als der Begriff »Fernsehkoch« überhaupt noch nicht existierte. Obwohl er wie ich auch mit seinem »Kurhausstüberl« in Waging weitab vom Schuss agierte, kannte ihn nicht nur in Bayern jedes Kind. Das musste man als Koch erst mal schaffen – zumal in einer Zeit, in der das Internet noch überhaupt keine Rolle spielte und man nicht über soziale Netzwerke irgendwelche Selfies von sich zusammen mit berühmten Persönlichkeiten posten konnte, bloß um einen auf dicke Hose zu machen. Da ich nicht wusste, wie man an Herrn Schuhbeck herankam, suchte ich mir einfach die Telefonnummer seines Lokals heraus und rief dort an. Wie nicht anders zu erwarten, wurde ich von seinen Mitarbeitern erst mal vertröstet.

»Herr Schuhbeck ist nicht im Haus.« – »Herr Schuhbeck ist zurzeit in einer Besprechung.« – »Herr Schuhbeck meldet sich bei Ihnen.« So ging das ein paar Mal, bis es mir zu blöd wurde.

»Mein Name ist Frank Rosin, und ich möchte Herrn Schuhbeck für eine große Veranstaltung in meinem neuen Restaurant engagieren. Das Lokal macht hier gerade Furore in Nordrhein-Westfalen. Bitte richten Sie ihm das aus.«

Kurz darauf klingelte das Telefon.

»Grüß Gott, hier Schuhbeck. Worum geht's?«

Ich erklärte ihm, dass ich ihn für ein exklusives zweitägiges Event in meinen Laden nach Wulfen holen wollte. Er sollte für meine Gäste kochen, ich würde Vertreter der Presse dazuholen und ihn dafür angemessen bezahlen. Zu meiner großen Überraschung sagte er sofort zu und nannte mir einige Termine, die für ihn infrage kamen. Mitte 1994 war es so weit. Zuvor rührte ich kräftig die Werbetrommel. Die Bude war zweimal bis auf den letzten Barhocker ausgebucht, und ich freute mich darauf, meinen Gast am Flughafen abzuholen.

Nachdem die Maschine aus München gelandet war, stand ich aufgeregt wie ein kleines Kind am Gate. Für mich war es eine große Nummer, jemanden mit einem solchen Bekanntheitsgrad in meine bescheidene Stube zu bekommen. Wie die genau aussah und welche miesen Bedingungen Alfons dort vorfinden würde, hatte ich im Vorfeld lieber verschwiegen. Ich bekam tierisch Schiss, dass er bei zu viel Ehrlichkeit die Sache doch noch absagte. Wenn er jedoch erst mal in meiner Küche stand, konnte er im Grunde gar nicht mehr zurück. Das hoffte ich zumindest.

Als sich die Schiebetüren zur Ankunftshalle öffneten, erkannte ich ihn sofort, obwohl ich ihn noch nie ohne Kochjacke gesehen hatte. Er wirkte erstaunlicherweise sogar größer als im Fernsehen und trug eine riesige Louis-Vuitton-Tasche über der Schulter. Es fühlte sich an, als holte ich gerade einen Popstar ab. Und gewissermaßen war es ja auch so – Patron Schuhbeck war zur damaligen Zeit vielleicht nicht der Capital Bra der Kochszene, aber zumindest der Florian Silbereisen. Wir begrüßten uns herzlich und gingen zum Auto. Während der Fahrt wollte ich den Ablauf besprechen, aber Schuhbeck nickte nur.

»Koa Problem. Kriagn mer scho ois hi.«

Eine gute Stunde später schlugen wir an meinem Laden auf. Ich stellte das Auto hinter dem Lokal ab und erkannte sofort den skeptischen Blick, mit dem mein Begleiter das Haus und die Umgebung musterte. Wie bei seinem »Kurhausstüberl« sah es hier natürlich nicht aus, und Waging am See war vermutlich auch ein bisschen malerischer gelegen als mein geliebtes Wulfen. Aber Alfons war Profi genug, um auch die eher herbe Schönheit der Hervester Straße wegzulächeln.

»Der Charme liegt oft im Verborgenen«, meinte er nur und folgte mir in die Küche. Hier verließ ihn seine gute Laune.

»Ach, du Scheiße!«, rief er erschrocken beim Blick auf meine Gebrauchtwarensammlung, die sich Ausstattung nannte. »Wos is etz des?«

Obwohl mir völlig klar war, dass er eine solche aus seiner Sicht amateurhafte Umgebung nicht wirklich super finden konnte, war mir die Angelegenheit doch ein bisschen peinlich. Aber es half nichts: Da musste er jetzt durch. Ich versuchte ihn zu beruhigen und mit Arbeit abzulenken. Als Hauptgang für den Abend hatte er vorgeschlagen, seine berühmte gebratene Ente anzubieten. Der Vogel war eine sichere Bank, weil die Leute die Zubereitung schon einige Male im TV gesehen hatten und selbst mein altersschwacher Ofen der Herausforderung gewachsen sein sollte. Leider war ich schief gewickelt.

In der Küche mit Alfons Schuhbeck

Die notwendigen Vorbereitungen schafften wir gemeinsam recht gut. Ich hatte sogar extra frischen Ingwer besorgt, der damals noch schwer zu bekommen war. Wir schälten Äpfel, Zwiebeln und Gemüse im Akkord, setzten einen kräftigen Geflügelfond an, legten die Tiere in einen großen Bräter und gaben alles in meinen museumsreifen Ofen. Nun hatten wir bis zum nächsten Schritt über drei Stunden Zeit, in denen wir über Gott und die Welt und noch ein paar Küchentricks plaudern konnten. Alfons hatte sich längst wieder beruhigt, und er war wirklich ein angenehmer Kochpartner – bis zu dem Moment, als er die Enten aus dem über hundertsechzig Grad heißen Altgerät holen wollte, um sie für die Soße einzustechen. Als er die Klappe öffnete, schoss ihm eine zwei Meter lange Stichflamme entgegen. Er schrie und machte einen Satz, wie ihn Weitsprung-Olympiasieger Mike Powell nicht besser hätte absolvieren können. So schnell Schuhbeck in diesem Augenblick reagierte: Das Feuer war leider schneller und setzte seinen Schritt in Brand. Er schaffte es gerade noch zum Waschbecken und löschte seine Hose, bevor Schlimmeres passierte. Aber Alfons nahm die Sache mit Humor: »I koch auch auf'm Lagerfeuer, wenn's sei muass«, sagte er, nachdem er sich vom ersten Schrecken erholt hatte.

Den restlichen Nachmittag redeten wir nicht mehr ganz so viel miteinander. Das lag aber daran, dass ich eilig in der Gegend herumtelefonieren musste, um einen neuen Konvektomaten aufzutreiben: Mein leicht entflammbarer Heißluftapparat hatte nach dem unschönen Zwischenfall endgültig den Geist aufgegeben, und irgendwie mussten die Enten fertig garen, wenn ich meinen Gästen später nicht einen Ersatz aus dem Essener »Wienerwald« vorsetzen wollte. Nach einigen vergeblichen Anrufen wurde ich bei meinem Kumpel Holger Stromberg fündig, der ein paar Monate zuvor mit zarten dreiundzwanzig in Castrop-Rauxel im »Haus Goldschmieding« der jüngste Sternekoch Deutschlands geworden war. Das Edellokal, das sich in einem historischen Herrenhaus befand, war top ausgestattet, und obwohl auch Holger für den Abend ausgebucht war, konnte er zum Glück einen seiner Öfen entbehren.

Ich fuhr die rund fünfzig Kilometer einfache Strecke zu ihm in Rekordgeschwindigkeit, holte das Ding ab, bedankte mich artig und raste wieder zurück. Danach gab es keine weiteren Pannen mehr. Alfons zog den Abend wie auch den nächsten professionell durch, obwohl man ihm anmerkte, dass er ein paar Schmerzen spürte und sich die ganze Sache sicherlich etwas anders vorgestellt hatte. Aber ganz Vollprofi, der er war, plauderte er locker mit den begeisterten Gästen und den anwesenden Journalisten. Zum Abschied empfahl er mir, den Gewinn des Abends in ordentliches Equipment zu investieren. Das machte ich.

Mein Dinner mit Alfons Schuhbeck hatte den gewünschten Effekt: Am folgenden Tag berichteten etliche Zeitungen über den Promikoch aus Bayern, der mit seiner fast genauso berühmten Ente in Wulfen Station machte. Und wie das immer so ist: Die Berichterstattung darüber zog weitere Artikel in den lokalen und auch einigen überregionalen Medien nach sich. Irgendwann meldete sich sogar der WDR bei mir. Ein Fernsehreporter, der von mir und meinen Aktionen gelesen hatte, wollte mir mal beim Kochen über die Schulter schauen. Wenn ich mich nicht ganz doof anstellte, plante er, kleinere Beiträge mit mir zu produzieren, die anschließend im Rahmen der »Aktuellen Stunde« im Vorabendprogramm ausgestrahlt werden sollten. Auch wenn ich dort vermutlich nur der kochende Pausenkasper sein sollte, bevor die Zuschauer zur »tagesschau« wechselten, war das Angebot natürlich der Knaller. Ich war mir nur nicht sicher, wie ich im Fernsehen rüberkam.

Die Idee war, ein für mich typisches Gericht zuzubereiten und meine Arbeitsschritte zu kommentieren. Dabei galt es, vor der Kamera möglichst natürlich zu wirken. Weil ich logischerweise nicht wusste, wie man sich fernsehgerecht verhalten sollte, versuchte ich einfach so zu sein wie immer. Anscheinend funktionierte es. Die Probeaufnahmen liefen gut, weshalb ich im Anschluss für die angedachte Rubrik vom WDR engagiert wurde. Ich überlegte mir ein paar relativ einfache und doch ausgefallene Speisen aus meinem Repertoire wie Crêpe-Cannelloni mit Pilzfüllung, Tafelspitz vom Milchkalb auf türkischen Linsen oder Wulfener Kalbsbällchen mit Kapernmarmelade. Die Filmchen wurden von der Redaktion auf vier Minuten zusammengeschnitten. Vor der ersten Sendung war ich megagespannt, wie ich wohl rüberkam. Aber nachdem ich mich das erste Mal selbst auf dem Bildschirm gesehen hatte, war ich frustriert. Zwar besaß ich noch deutlich vollere Haare und hatte ein paar Kilo weniger auf den Rippen als heute. Meine Performance jedoch fand ich gar nicht mal so gut. Ich wirkte irgendwie hölzern, sehr unsicher und sah mir selbst an, dass ich in dieser Hinsicht keinerlei Selbstbewusstsein besaß. Wäre ich beim WDR für die Nummer verantwortlich gewesen, hätte ich mich sofort wieder aus dem Programm geschmissen. Der zuständige Redakteur sah das zu meinem Glück anders.

»Rosin, Sie haben eine Fernsehfresse«, sagte der Mann bei unserer nächsten Begegnung und klopfte mir auf die Schulter.

Ich war echt überrascht, nahm die Aussage als großes Kompliment entgegen und war froh, dass ich weitermachen durfte. Mit jedem einzelnen Beitrag wuchs meine Selbstsicherheit. Ab und zu haute ich beim Kochen einen lockeren Spruch raus und merkte, dass ich mich von den Kameras immer weniger irritieren ließ. Dennoch war ich weit davon entfernt, die Professionalität von heute zu besitzen. Aber anscheinend machte ich irgendwas intuitiv richtig. Außerdem passte ich gerade ganz gut in die Zeit. Mit der Jahrtausendwende ging im kollektiven Bewusstsein und damit auch im Fernsehen die Ära der alten, eher spröden Meisterköche zu Ende, und eine neue, unkonventionelle Bewegung formierte sich, zu der auch ich anfangs gehörte und die zumindest in den ersten ein, zwei Jahren ordentlich Furore machte: die »Jungen Wilden«.

Ins Leben gerufen wurde diese Vereinigung von Stefan Marquard und meinen alten Kumpels Holger Stromberg und Frank Buchholz. Marquard hatte den vielleicht interessantesten Werdegang hinter sich: Er war eigentlich gelernter Metzger, absolvierte anschließend eine Kochlehre und sammelte dann als Geselle bei etlichen Spitzenköchen Erfahrung. Der damals sehr bekannte frühere Kunststoff-Fabrikant und Gourmet-Förderer Adalbert Schmitt fand den jungen Stefan irgendwie gut und schickte ihn für ein Jahr nach Italien, wo er in zwölf verschiedenen hochklassigen Restaurants arbeiten durfte. Danach engagierte Schmitt ihn für seine »Taverna la Vigna«, die zu den »Schweizer Stuben« in Wertheim gehörte, seinerzeit die kulinarische Top-Adresse in Deutschland. Während Holger und Frank äußerlich eher wie Schwiegermuttis kleine Lieblinge rüberkamen, sah Marquard mit seinen langen Haaren, dem Bart und den Ohrringen mehr aus wie ein grimmiger Rocker als wie ein typischer Koch. Das kam bei den Medien natürlich an – und bei den Zuschauerinnen praktischerweise auch.

Klar versprachen sich die drei mit dem selbst verliehenen Stempel als »Junge Wilde« eine gesteigerte Aufmerksamkeit auch für ihre Läden. Aber das Anliegen, das hinter dem prägnanten Etikett stand, war absolut ernst zu nehmen: Sie wollten mit den alten Kochkonventionen, die jahrzehntelang Gültigkeit besaßen und die vor allem von der üppigen und abgehobenen Nouvelle Cuisine der Siebzigerjahre geprägt waren, aufräumen. Es war beispielsweise in gehobenen deutschen Küchen undenkbar, zu einem Lamm eine Soße zu reichen, die nicht aus ebendiesem Lamm zubereitet worden war. Dabei konnte der Fond auch aus Geflügel oder anderen Zutaten bestehen, ohne dass man sich dabei etwas abbrach. Es galt, die deutsche Küche etwas leichter, unbeschwerter und nahbarer zu gestalten. Nicht mehr und nicht weniger.

»Hast du Bock, bei uns mitzumachen?«, fragte mich Frank am Telefon, nachdem wir uns nach der unschönen Mallorca-Episode längst wieder versöhnt hatten. »Ich glaube, du würdest echt gut dazu passen.«

»Klaro«, sagte ich spontan und fühlte mich geehrt, dass die Jungs, die nach den ersten Auftritten schon eine gewisse überregionale Prominenz erreicht hatten, ausgerechnet auf mich kamen. Ich stand voll hinter der Sache, weil ich in meinem Restaurant ja auch ganz bewusst versuchte, neue kulinarische Wege zu gehen und mit Lebensmitteln zu arbeiten, für die mich ein Eckart Witzigmann oder ein Dieter Müller zum damaligen Zeitpunkt wahrscheinlich hochkant rausgeschmissen hätten. Aber ich wollte meinen Gästen keinen bretonischen Hummer anbieten, wenn ich genauso gut einen fangfrischen heimischen Fisch einkaufen konnte. Außerdem fand ich es gut, dass dadurch auch jüngere Menschen für hochklassige Küche begeistert wurden und die Leidenschaft fürs Kochen geweckt werden sollte. Der ganze Staub aus dreißig Jahren musste endlich raus – aus den Kochbüchern, den Küchen, vor allem jedoch aus den Köpfen.

Insgesamt gehörten rund zwanzig Kollegen zu den »Jungen Wilden«, darunter zum Beispiel Frank Oehler, Björn Freitag oder Alexander Herrmann. Viele Ansätze waren extrem mutig, kreativ oder einfach nur lustig. Es gab auch ein paar Aktionen, die waren geradezu verrückt. Manch einer fühlte sich von solchen Aktionen verprellt, aber bei den meisten kamen wir gut an. Und außerdem war das Thema in der Außenwirkung echt stark: vom ZDF-»Fernsehgarten« über nahezu alle Talkshows bis hin zu großen Veranstaltungen bei namhaften Konzernen reichte die Bandbreite der Berichterstattung. Und überall wurde plötzlich über die neuen Herangehensweisen in der Gourmetküche gesprochen. Das brachte eine enorme Aufmerksamkeit für unsere Branche.

So spannend und witzig die Zeit für mich anfänglich war, so sehr merkte ich nach und nach allerdings auch, dass ich nicht wirklich dazugehörte: Ich war bereits seit fast zehn Jahren Unternehmer und hatte von daher eine etwas differenziertere Sicht auf viele Dinge. Ich konnte es mir nicht leisten, einfach mal einen Nachmittag abzuhängen, Zigaretten zu drehen und Gitarre zu spielen wie manch anderes Mitglied, das womöglich unter einem geringeren wirtschaftlichen Druck stand als ich. Und auch die Vermarktung der »Jungen Wilden«, die uns als kreative Individuen enteierte, trug dazu bei, dass für mich das Ganze keinen Sinn mehr ergab. Da stellte ich mich lieber in Wulfen an den Herd und bereitete den Abend in meinem Lokal vor. Außer mit den genannten Jungs existierte sowieso keine Harmonie zwischen mir und den anderen Köchen. Daher entschloss ich mich, die Geschichte nach kurzer Zeit wieder ruhen zu lassen.

Mit Frank Buchholz und Alexander Herrmann

Immerhin brachte es der Rummel um die »Jungen Wilden« mit sich, dass nun auch andere Formate auf mich aufmerksam wurden. Und so bekam ich die Anfrage, in Bärbel Schäfers neuer ARD-Sendung mit dem Titel »Wellness-TV« mitzuwirken. Frau Schäfer war nach dem Ende ihres Nachmittagstalks auf RTL ins Erste gewechselt und sollte eine wöchentliche Show rund ums damals schwer angesagte Thema Wohlbefinden moderieren.

Dazu lud sie Gesundheitsexperten aller Art als Gäste ein, ein Außenreporter mit dem passenden Namen Roman Knoblauch stellte neue Wellnesshotels und deren Anlagen vor, und meine Rolle war es, ein möglichst gesundes Essen sowie ein gesundes Getränk vorzustellen. Mit Gemüseaufläufen und Grünkohl-Smoothies kannte ich mich zwar gar nicht gut aus, aber eine solche Chance konnte ich nicht verstreichen lassen.
Für mich war eine kleine Nische am Rand des Studios vorgesehen, und schon die räumliche Situation war eher unfreiwillig komisch. Ich stand dort in der Kochecke wie bestellt und nicht abgeholt und wartete, bis Bärbel sich zu mir hinüberdrehte und mich ansprach. Dann musste ich wie auf Knopfdruck mein Programm abspulen und in meinen Töpfen und Pfannen herumrühren. Spontan war ich aber immer schon besser als nach einem starren Plan, und so stotterte ich meinen zuvor auf kleine Zettel aufgeschriebenen Text herunter und versuchte, irgendeine gesunde Wohlfühlkost, die mir die Redaktion angetragen hatte, glaubhaft rüberzubringen. Ich tat mich extrem schwer mit dem ganzen Konzept, doch ich sollte gleich in doppelter Hinsicht Schwein haben: Die Sendung war leider erfolglos, sodass sich die ARD entschloss, bereits nach nicht mal fünfzehn Folgen die Reißleine zu ziehen. Der Produktionsleiter Harry Seedorf hatte jedoch trotz des Flops einen Narren an mir gefressen.

Nach der Staffel lud Harry mich zu sich nach Berlin ein. Er arbeitete für zahlreiche andere Formate und besaß hervorragende Kontakte in die Szene. So brachte er mich bei »Kerner kocht« unter, was damals die Benchmark unter den Kochshows darstellte. Die Idee dafür war eigentlich aus der Not heraus geboren worden: Weil Hollywood-Superstar George Clooney kurzfristig für den Talk von Johannes B. Kerner absagte und sich auf die Schnelle kein Ersatz für die am Abend fest eingeplante Sendung finden ließ, entschlossen sich der Moderator und seine Redakteure, kurzerhand jene Köche einzuladen, die er in der vorherigen Aufzeichnung am Nachmittag zu Gast hatte. Die Leute waren zwar alle noch im Studio, konnten aber nicht noch mal das Gleiche erzählen. Also ließ Kerner sie in einer improvisierten Studioküche arbeiten. Und weil die zufällige Nummer so gut ankam, wurde aus dem Lückenfüller ein fester freitäglicher Termin. Zu Glanzzeiten hatte die Sendung fast drei Millionen Zuschauer. Das war mal 'ne Ansage!

Schon mein erster Auftritt, den ich zusammen mit Sarah Wiener, Kolja Kleeberg, Alfons Schuhbeck und Horst Lichter absolvierte, katapultierte mich noch mal eine Etage höher in Sachen Wahrnehmung. Am Gericht an sich kann's eigentlich nicht gelegen haben, denn ich hatte etwas recht Einfaches im Gepäck. »Möhrendurcheinander mit Butter-Ferkel auf Grüner Wiese« nannte sich meine Kreation, die ich passend zum Tagesmotto »Alles aus einem Topf« vorbereitet hatte: ein deftiger Karotten-Kartoffel-Eintopf mit Ferkelnacken und frischen Kräutern. Auch Kerner gefiel mein Einsatz offenbar, denn ich wurde anschließend noch einige Male von ihm nach Hamburg eingeladen. Das machte sich auch in Wulfen bemerkbar: Nach jeder Fernsehshow war das Restaurant über Tage hinweg ausgebucht. Die meisten Gäste waren trotzdem wegen des Essens da, aber natürlich gab es auch etliche Leute, die nur deshalb zu uns kamen, weil sie den lustigen Koch-Onkel aus der Glotze mal in Natura angucken wollten. Es sollte mir recht sein.

Kurz darauf kam allerdings ein Kontakt zustande, der mein gesamtes Leben nachhaltig verändern sollte; ein Glückstreffer, der nur von der Geburt meiner beiden Kinder übertroffen wurde. Hätte ich beim ersten Anruf von Kabel Eins auf meinem Handy geahnt, welch unglaubliche und langlebige Partnerschaft daraus entstehen und welche vielschichtigen Folgen diese für mich und mein ganzes Umfeld haben würde, wäre ich wahrscheinlich auf der Stelle in Ohnmacht gefallen. Damals aber war ein komplett eigenes Format noch kein Thema. Stattdessen hatte der aufstrebende und zuletzt auch mit Eigenproduktionen immer erfolgreicher werdende Privatsender aus der Pro7/Sat1-Familie mit Sitz im bayerischen Unterföhring, der 1992 als »Kabelkanal« gestartet war, gerade eine komplett neue und sehr originelle Idee entwickelt: das »Fast Food Duell«. Im Wesentlichen ging es darum, dass ein Spitzenkoch gegen einen Lieferdienst antrat. Der Koch war hierfür bei einer ganz normalen Familie zu Hause zu Gast, die ein Gericht nach Wahl bestellte, während der Profi aus im Supermarkt gekauften oder schon in der heimischen Küche vorhandenen Zutaten dasselbe Essen zubereiten musste. Gewonnen hatte am Ende derjenige, der in den Kategorien Geschwindigkeit, Preis und Geschmack am meisten Punkte bekam.

Die ersten vier Folgen wurden noch von Holger Stromberg absolviert, der dann jedoch aufgrund seiner neuen Tätigkeit als Koch der deutschen Fußball-Nationalmannschaft nicht mehr über die Zeit für ein regelmäßiges TV-Format verfügte. Klar: Er musste sich nun strikt nach dem Spielplan der DFB-Elf richten und konnte schlecht zu Jogi Löw sagen, dass das Essen vor und nach dem kommenden Länderspiel leider von McDonald's oder dem Italiener um die Ecke geholt werden musste, weil er gerade in einem Fernsehstudio unabkömmlich war. Dadurch kam die Redaktion auf mich. Ich sollte – im Wechsel mit meinem alten Kumpel Björn Freitag sowie Ole Plogstedt – gegen den Imbiss antreten und die Teilnehmer und damit auch die Zuschauer nebenbei von der Verwendung frischerer und gesünderer Lebensmittel überzeugen. Bereits nach den ersten Wochen merkte ich, dass mir das Konzept auf den Leib geschneidert zu sein schien: Ich konnte gut umgehen mit den Menschen, die dort auftraten und die in den allermeisten Fällen genauso ehrlich und authentisch waren wie ich. Und Schnelligkeit war auch kein Problem, schließlich war ich durch Mamas Imbiss perfekt vorbereitet.

Das »Fast Food Duell« war etwas vollkommen Neues in der hiesigen Fernsehlandschaft und machte allen Beteiligten jede Menge Spaß. Die Drehtermine ließen sich außerdem prima mit dem Restaurantbetrieb vereinbaren, weil immer mehrere Episoden im Block aufgezeichnet wurden und ich das Lokal in der Zwischenzeit völlig problemlos in den Händen von Oliver Engelke und den anderen lassen konnte. Mittlerweile lebten wir das »Restaurant Rosin« regelrecht gemeinsam: Oliver, Jochen Bauer, Susanne Spies und ich zusammen mit dem gesamten Team. Ich war gottfroh, dass ich es als Unternehmer geschafft hatte, um mich herum Menschen zu versammeln, die keine Erfüllungsgehilfen waren wie ich früher, sondern für ihren Bereich allein verantwortliche Individuen mit ganz eigenen Denkansätzen. Der beste Chef war in meinen Augen nicht derjenige, der alles selbst am besten konnte, sondern der, dem es gelang, kompetente Personen zu finden, die in manchen Dingen sogar noch besser waren als man selbst. Der Vorstandsvorsitzende der Deutschen Bahn musste seinen ICE auch nicht fahren können. Er musste nur wissen, auf wen er sich blind verlassen konnte, wenn er einen Zug aufs Gleis schickte.

Insgesamt gab es circa dreihundertfünfzig Folgen von »Fast Food Duell«. Wir hatten uns in den ersten zwei Jahren super eingegroovt, und ich hoffte, dass es noch einige Zeit auf diese Weise weitergehen konnte. Allerdings musste man mir und den anderen beiden Kollegen leider eines Tages schweren Herzens mitteilen, dass die Sendung aufgrund einer inhaltlichen Neuausrichtung eingestellt wurde. Das war natürlich im ersten Augenblick eine Enttäuschung, denn die Zusammenarbeit mit den Münchner TV-Machern war vom ersten Tag an professionell, spannend und zugegebenermaßen auch nicht ganz schlecht fürs Geschäft. Doch es dauerte glücklicherweise nicht lange, da ereilte mich ein weiterer Anruf aus Unterföhring.

»Was gibt's denn?«, fragte ich gespannt am Telefon. Ich hatte eigentlich gar keine Zeit für ein ausführliches Gespräch, weil ich in diesem Moment auf dem Weg nach Wesel war, um ein Auto zu kaufen. Aber selbstverständlich wollte ich mir anhören, was sich die findigen Unterhaltungsprofis ausgedacht hatten.

»Herr Rosin, wir wollen gerne weiter mit Ihnen zusammenarbeiten. Deswegen haben wir uns verschiedene Ideen überlegt«, sagte der zuständige Kabel-Eins-Verantwortliche feierlich. Ich konnte kaum erwarten, was nun kam.

»Was halten Sie von einem Format, in dem Sie angeschlagenen Betrieben helfen, wieder auf die Beine zu kommen?«, fragte er.

Im ersten Augenblick fand ich die Idee nicht schlecht. Ich wusste, dass der britische Koch Gordon Ramsay ein ähnliches Konzept erst in Großbritannien und dann in den USA etabliert hatte. Und Ramsays Skript wurde im Prinzip schon eins zu eins von Christian Rach auf RTL kopiert. Ich wollte auf keinen Fall den Aufguss vom Aufguss machen. Der Redakteur am Apparat betonte allerdings, dass wir einen anderen, ganzheitlichen Ansatz wählen würden – und für die Arbeit mit den Betreibern auch mehr Zeit zur Verfügung hätten. Das hörte sich für mich sehr gut an.

»Ach ja, und das Ganze soll ›Rosins Restaurants‹ heißen«, sagte er. Damit war ich überzeugt.

Wir wurden uns verhältnismäßig schnell einig und vereinbarten zunächst eine Staffel mit insgesamt elf Folgen. Da das Format nagelneu und in dieser Form einzigartig war, hatte die Redaktion zuvor per Annonce in verschiedenen Lokalzeitungen und Fachmagazinen Bewerber gesucht. Daraufhin meldeten sich Hunderte Interessenten, die mit ihrem Betrieb meist knietief in der Kacke standen. Ich war gespannt, was mich in den folgenden Wochen erwarten würde. Das Brett, das es zu bohren galt, war dick: Meine ersten Missionen sollten mich von Rostock über Berlin bis nach Bayern führen, und pro Folge waren fünf oder sechs Drehtage eingeplant. Das war ein großer Aufwand. Aber ich wusste, dass diese Serie den nächsten Step in meiner und damit in unser aller Entwicklung bedeutete. Das Restaurant war derweil in guten Händen. Und gedanklich war ich sowieso jeden Tag mit dabei. Mit diesem guten Gefühl unterschrieb ich den Vertrag.

Schon zwei Monate später ging es los: mit sehr aufwendigen Dreharbeiten in einem schönen Gasthaus namens »Alte Veste« im fränkischen Zirndorf, das seit sechs Monaten mal wieder einen neuen Betreiber hatte und schon länger nicht richtig auf die Beine kam. Unser Ziel war es, noch vor dem Winter für deutlich mehr Gäste zu sorgen, um das Haus, das eigentlich auf den Biergartenbetrieb angewiesen war, über die umsatzarme Zeit zu retten. Bereits bei der allerersten Folge wurde deutlich, wo in der deutschen Gastronomie die größten Probleme lagen: Der Chef war restlos überfordert, Speisekarte und Anrichteweise waren von vorgestern, und zu allem Übel zogen Küche und Service nicht an einem Strang. Schon am Starttag dachte ich, ich sehe falsch, als es sich die Damen vom Personal erst mal vor der Tür bei Kaffee und Kuchen gemütlich machten, während die Jungs drinnen am Herd für das Testessen rödelten, bis die Schneebesen rauchten.

Mir war es von Anfang an extrem wichtig, dass wir für meine Serie keine gescripteten Fake-Nummern aufzogen, sondern authentisch rüberkamen und nichts für die Kameras inszenierten. Alles, was wir aufnahmen, war echt – vor allem meine Gefühle den Kolleginnen und Kollegen gegenüber. Schließlich hatte ich in meinen ersten acht, neun Jahren als selbstständiger Gastronom ebenfalls viele Krisensituationen erlebt und wusste um die riesigen Herausforderungen, vor denen man gerade als Existenzgründer stand. Klar war es unser Ziel, diese »Hilfe zur Selbsthilfe« für den TV-Zuschauer so unterhaltsam wie möglich aufzubereiten. Trotzdem war »Rosins Restaurants« von der ersten Minute an ehrlich wie ’ne Currywurst, wenn man so will. Ich benahm mich genauso, wie ich auch im wahren Leben agierte. Ich lobte, wenn es etwas zu loben gab, und kritisierte konstruktiv, wenn die Dinge meiner Überzeugung nach in die völlig falsche Richtung liefen. Um nicht nur in der einen Woche, in der wir mit unserem Team vor Ort waren, einen spürbaren und dauerhaften Effekt zu erzielen, musste ich aber auch die Protagonisten aufbauen, ihnen Mut zusprechen und vor allem das letzte Quäntchen Kreativität und Eigeninitiative aus den Köchen und auch aus den Servicekräften herauskitzeln. Dafür war mir beinahe jedes Mittel recht.

Um die Betriebsblindheit, die sich oft genug durch jahrelanges Missmanagement, permanente Enttäuschungen oder zu viel Stress in die Belegschaft unserer Restaurants, Gaststätten und Imbissbuden eingeschlichen hatte, wieder aus den Köpfen zu bekommen, ließ es sich nicht vermeiden, ab und zu laut zu werden und zu provozieren. Manche Teilnehmer hätte ich am liebsten geschüttelt, und bei einigen tat ich das sogar. Viele verstanden sofort, was ich von ihnen wollte, andere erst nach mehreren Monaten, und ein paar kapierten es nie. Immer aber hoffte ich, dass die Wirtinnen und Wirte meinen alten Leitspruch beherzigten und ebenfalls mit den Augen und den Ohren klauten. Am Ende unserer Premierenfolge hatte sich die »Alte Veste« wirklich gemacht. Es war ein guter Anfang.

»Wir würden gerne mit Ihnen weitermachen«, hieß es, nachdem die letzte Klappe der elften Episode gefallen war. Ich freute mich natürlich wie verrückt – und sagte prompt für eine weitere Staffel zu. Inzwischen gehen wir sage und schreibe ins dreizehnte Jahr. Seitdem ist eine ganze Menge passiert. Es gab einzelne Lokale, die schon kurz vor der Ausstrahlung schließen mussten, weil sie es nicht bis zum Sendetermin schafften. Wir besuchten Pächter, die unsere mühevoll ausgearbeiteten Änderungen schon nach zwei oder drei Wochen über Bord warfen, lieber zu ihrem alten Schlendrian zurückkehrten und statt frischer und gesunder Küche zwanzig Sorten Schnitzel mit Tütensoße anboten. Den ein oder der anderen musste ich vor sich selbst schützen und ihm zu einer Insolvenz raten, um zu verhindern, dass er sich und seine gesamte Familie bis in alle Ewigkeit ruinierte. Wiederum andere erlebten einen regelrechten Boom nicht erst nach der Ausstrahlung, sondern bereits in den Wochen und Monaten zuvor – weil sie meine Ratschläge beherzigten und zu ihrer eigenen Marke wurden, so wie ich es geschafft hatte. Ich erhielt im Lauf der Jahre zahllose Dankesbriefe von Gastronomen, die bis zu unserem Besuch vor lauter eingefahrenen Gewohnheiten nicht einmal mehr eine Hühnersuppe ansetzen konnten und auf einmal dank ihres verschüttetgegangenen Talents, ihres Fleißes und ihrer wiedererlangten Kreativität von den Gästen überrannt wurden. Und ich musste leider auch wirklich jeden noch so unvorstellbaren Mist sehen – von verdorbenem Fleisch in der Kühltruhe über seit Jahren ungeputzte Küchengeräte bis hin zu Gasträumen, deren Fenster so verdreckt waren, dass kein einziger Funken Tageslicht mehr von außen reinkam. Vieles davon war so heftig, dass wir uns dazu entschieden, die Bilder nicht auszustrahlen, um die Betroffenen zu schützen und nicht vor Millionen Zuschauern komplett bloßzustellen.

Von derartigen Enttäuschungen abgesehen gab es darüber hinaus immer wieder Fälle, die mich echt anfassten und im Herzen berührten. Ich sah junge und grundsympathische Menschen, die sich bis über beide Ohren verschuldet hatten, um ihren Traum von einer eigenen Kneipe zu verwirklichen, und die gerade während der Corona-Pandemie und ihrer Herausforderungen insbesondere für unsere Branche vor den Trümmern ihrer Existenz standen. Ich beobachtete Beziehungen, die wegen der vielen Arbeit und des ständigen Ärgers in die Brüche gingen. Ich traf todkranke Menschen, die sich mit letzter Kraft in die Küche schleppten, nur um ihren Angestellten den Job zu sichern. Und ich stieß auf viele blauäugige Kollegen, die sich einfach maßlos über- und die Arbeit in der Gastro komplett unterschätzten.

Selbstverständlich gab es auch die Angeber und die Arbeitsscheuen, die meinten, bloß mit einem eigenen Restaurant und ohne großes Zutun würde der Goldregen auf sie niederprasseln wie auf die Glücksmarie bei Frau Holle. In solchen Fällen verlor ich auch schon mal meine natürliche Freundlichkeit. Denen sagte ich dann klipp und klar, dass sie sich besser einen anderen Beruf suchen sollten, in dem sie nicht so viel Unheil anrichten konnten. Nur weil man gerne Gast in einem Lokal war, hieß das noch lange nicht, selbst eines führen zu können. Ich käme ja auch nicht darauf, nach dem Betrachten von ein paar Folgen »Grey's Anatomy«, eine Operation am offenen Herzen durchführen zu wollen.

Deshalb wünsche ich mir inständig, dass sich endlich die Erkenntnis durchsetzt, ein anderes Ausbildungssystem in unserer Branche mit ihren unzähligen Betrieben einzuführen. Ich will es nicht verstehen, warum man als Friseur, Installateur oder Bäcker richtigerweise einen Meisterbrief braucht, als Gastwirt aber nicht! Um ein Lokal aufzumachen, reicht ein kurzer Kurs bei der örtlichen IHK, und das war's. Das ist ein schlechter Witz! Hier sind die Politik sowie der Hotel- und Gaststättenverband in der Pflicht. Dass es immer noch heißt: »Wer nichts wird, wird Wirt«, ist eigentlich eine Schande. Noch schlimmer aber ist, dass das oft sogar stimmt. In den letzten vierzig Jahren sind zahllose Mitarbeiter in der Gastronomie unglaublich schlecht behandelt worden. Sie wurden um ihre Sozialversicherungsbeträge geprellt und stehen jetzt mit einer mickrigen Rente da. Viele Wirte, auch bei »Rosins Restaurants«, haben sich immer hingestellt und behauptet, dass sie die Kellner, die Hilfsköchin oder den Spüler gar nicht auf Lohnsteuerkarte laufen lassen konnten, weil sich der Betrieb sonst nicht gerechnet hätte. Da muss ich dann sagen: Wer sein Geschäft so schlecht führt und seine Produkte so schlecht verkauft, dass er nicht mal seine Leute anständig versichern kann, der soll es bleiben lassen. Und zwar besser heute als morgen.

Die allermeisten aber, denen wir in den vergangenen zwölf Jahren zur Seite standen, waren tolle Leute, die einfach irgendwann den Blick fürs Wesentliche verloren hatten. Wenn es uns gelang, die Scheuklappen behutsam abzunehmen, kamen bisweilen unglaubliche Fähigkeiten zum Vorschein. Manche Köche, die nicht mal mehr dazu in der Lage waren, eine Konservendose unfallfrei zu öffnen, zauberten auf einmal leckere, frische Gerichte aus dem Hut, die mich fast umhauten. Und andere, die bei unserem ersten Probe-Essen zunächst völlig versagten, steigerten sich durch Fleiß und Enthusiasmus auf eine sehr gute Leistung. Zu sehr vielen davon haben wir noch immer Kontakt – und zwar abseits der Kameras. Manchmal muss ich lachen, wenn ich mich erinnere, welche irren Freaks wir getroffen haben. Und oft staune ich Bauklötze, wie spektakulär sich einige Lokale nach unserem Besuch entwickelt haben. Auch ich lernte in all den Jahren eine ganze Menge dazu. Als Mensch, Coach – und hin und wieder sogar als Koch. Wenn das der Fall war, klaute ich wieder mit Augen und Ohren. Mit dieser Angewohnheit sollte man sowieso niemals aufhören.

Ganz falsch konnten wir mit unserem Konzept nicht gelegen haben. Immerhin ist »Rosins Restaurants« mittlerweile das älteste Koch-Doku-Format im deutschen Fernsehen. Das macht mich, wenn ich mal ganz unbescheiden sein darf, schon etwas stolz. Auch wenn ich in sehr seltenen Momenten an den Punkt kam, an dem mir alles zu viel zu werden drohte. Aber noch brennt das Feuer in mir. Und die Zuschauer sehen das glücklicherweise genauso wie die Verantwortlichen von Kabel Eins. Ein derartiges

Vertrauen über eine solch lange Zeitspanne zu erhalten in einem Metier, in dem andere Sendungen schon mal nach der Pilotfolge gekippt werden, ist ein riesengroßes Privileg.

Durch die eigene Sendung und ihre lange Laufzeit steigerte sich meine Bekanntheit enorm. Abgesehen davon, dass ich nun fast ein Drittel des Jahres für TV-Projekte eingespannt war, sehr viel herumkam und sich mein persönlicher Tätigkeitsschwerpunkt auch dadurch immer mehr hin zum ganzheitlichen Gastronomie-Unternehmer verlagerte, durfte ich mich in anderen, spannenden Formate ausprobieren – wie den »Topfgeldjägern«, einer TV-Sendung, die ich mit meinem Freund Steffen Henssler machen durfte und für die ich beinahe siebenhundert Folgen drehte, den »Fettkampf«, für den ich an die Grenzen meiner Selbstachtung gehen musste, die damals revolutionär neue Show »The Taste«, die nun auch schon in ihr zehntes Jahr geht, oder die beiden aktuellen Formate »Rosins Kantinen« und »Rosins Heldenküche«. Ich würde lügen, wenn diese Popularität nicht auch hin und wieder hilfreich gewesen wäre.

Vor einigen Jahren entschieden wir uns dazu, mit »Rosin weltweit – andere Länder, andere Fritten« auch Lokalen im Ausland zu helfen, die von deutschen Betreibern geführt wurden und die oft mit noch problematischeren Rahmenbedingungen zu kämpfen hatten, als es sie bei uns in Deutschland gab. Dieser Ableger führte uns auch ins kroatische Lovran, ein malerisches Küstenörtchen an der Adria. Dort hatte sich eine sehr nette, aber leider wie so oft auch recht unbedarfte deutsche Auswandererfamilie niedergelassen und verzweifelte an ihrem Lebenstraum und dem ungelernten Koch. Am Abend nach dem zweiten oder dritten Drehtag saß ich erschöpft mit einem Kameramann meines Teams auf der Terrasse eines sehr schönen Hotels in Opatija, in dem wir alle untergebracht waren. Es folgte eine Begegnung, die ich niemals vergessen werde.

Ebenfalls zu Gast war der kroatische Fußballverband, was wir am offiziellen Mannschaftsbus bemerkten, der auf dem Parkplatz des Hotels stand. Die Nationalmannschaft bereitete sich gerade auf die bevorstehende Europameisterschaft in Frankreich vor und suchte offenbar noch etwas Ruhe und Erholung vor dem großen Turnier, das in wenigen Wochen beginnen sollte. Einige Tische weiter bemerkte ich einen Herrn mit grau melierten Haaren, der einen eleganten dunklen Anzug trug, auf dem sich eine Anstecknadel mit der kroatischen Flagge befand. Ich musste zweimal hingucken, bis mir klar wurde, dass es sich um Davor Šuker handelte, den früheren Weltklassestürmer, der 1998 Deutschland aus der WM geschossen hatte. Er war seit einigen Jahren Verbandspräsident.

Als Fußballfan, der ich seit frühester Kindheit war, fand ich das natürlich toll. Ich überlegte mir schon ernsthaft, mir von ihm ein Autogramm geben zu lassen, als Šuker plötzlich aufstand und verschwand. Ein bisschen enttäuscht plauderten wir an unserem Tisch wieder über den abgelaufenen Drehtag und die herrliche Aussicht aufs Meer. Da kam der einstige Weltstar mit zwei roten Trikots in der Hand zurück und marschierte direkt auf uns zu. Ich konnte es nicht fassen.

»Sind Sie nicht Frank Rosin?«, fragte er mich in makellosem Deutsch und überreichte uns die Hemden. »Ich sehe Sie immer sehr gerne. Darf ich mich zu Ihnen setzen?«

In diesem Augenblick war selbst ich für einen Moment sprachlos. Anschließend aßen wir zusammen, plauderten über seine wunderschöne Heimat, seinen früheren Verein Real Madrid und die Bundesliga. Bevor sich Davor Šuker von uns verabschiedete, rief er noch ein Staffmitglied zu sich und bat den Mann, uns die Stadt zu zeigen. Das war natürlich mega! Wir fuhren mit ihm durch Opatijas Gassen abseits der Touristenströme und tranken den ein oder anderen Sliwowitz. Das war wirklich ein legendärer Abend, den ich letztlich meiner Sendung zu verdanken hatte.

Mit Davor Šuker in Opatija, Kroatien

Klar kann es auch anstrengend sein, ständig angesprochen oder fotografiert zu werden. Wenn ich mal mit meinen Kumpels an der Theke beim gemütlichen Bierchen zusammensitze, nervt die Bekanntheit manchmal etwas. Aber das gehört nun mal dazu, wenn man wie ich weit über tausend Auftritte im Fernsehen absolvieren durfte. Niemand hat mich gezwungen, vor einer Kamera zu agieren und Zuschauer zu unterhalten. Ich habe mir diesen Job tatsächlich freiwillig ausgesucht. Allerdings kommt es immer darauf an, wie man mir gegenübertritt. Da bin ich in Zivil nicht anders als in meinem Restaurant. Wer sich nicht angemessen benimmt, kann nicht damit rechnen, dass ich ihm mit dem allergrößten Respekt gegenübertrete. Der lässt eh leider etwas zu wünschen übrig in unserer Gesellschaft. Und nur weil jemand als Kellnerin oder Kellner arbeitet, heißt das nicht, dass die- oder derjenige vorübergehend der Leibeigene eines Gasts ist und von diesem beliebig herumkommandiert werden darf. Dabei spielt es auch keinerlei Rolle, wie viel der Kunde für sein Essen oder seinen Wein bezahlt.

Zumindest dieser Aspekt hat sich in den vergangenen Jahren in der Gastronomie geändert. Die bedingungslose Akzeptanz jeder noch so unmöglichen Attitüde gehört zum Glück der Vergangenheit an. Der Gast ist nicht mehr in jedem Fall der König. Vielmehr entsteht während des Besuchs eine gegenseitige Beziehung, die beide Seiten so angenehm wie möglich gestalten sollten. Wir jedenfalls geben unser Bestes, jeden einzelnen Tag. Angesichts dessen wäre es schön, wenn auch der Gast das Gefühl vermittelt, gerne zu kommen und sich auf das Essen zu freuen. Das aber ist wieder ein anderes Thema.

Ich weiß sehr wohl, was ich dem Fernsehen zu verdanken habe. Vieles, was sich aus meinem kleinen Restaurant heraus entwickeln konnte, entstand auch deshalb, weil mir diese Präsenz eine gewisse wirtschaftliche Freiheit ermöglichte. Das war natürlich gerade während der Corona-Krise in den letzten beiden Jahren eine große Erleichterung. Ich verdiene gutes Geld mit meiner Sendung, klar. Andererseits wurde mir nichts geschenkt. Wenn jemand denkt, er könne seine Nase ebenfalls in die Kamera halten, hat er natürlich jederzeit die Möglichkeit, sich bei einem Sender seiner Wahl zu bewerben. Und wenn ich irgendwann an den Punkt kommen sollte, an dem ich merke, dass ich mich wiederhole oder den Menschen nur noch auf den Wecker gehe, dann höre ich sofort auf. So einfach ist das.

7

Kritiker, Unternehmertum, Lieblingskollegen – Mein Fazit nach vierzig Jahren Gastronomie

Von den Anfängen in Onkel Gerds »Waldschenke« bis heute sind gut vierzig Jahre vergangen. Das ist eine verdammt lange Zeit. Vor allem wenn man bedenkt, dass manche Menschen behaupten, ein Berufsjahr als Koch entspreche gut und gerne zwei normalen Jahren. Das ist zwar Kokolores, denn viele andere Jobs sind genauso anstrengend. Aber wenn ich an manche Tage mit vierzehn, sechzehn oder sogar noch mehr Stunden denke, die ich nonstop in einer heißen, stickigen und donnernd lauten Küche verbracht habe, muss ich schon feststellen, dass mein Leben häufig tatsächlich kein Schmackofatz war. Andererseits kann mein Beruf wirklich wunderbar sein, zumindest in sehr vielen Momenten. Zu einem Zahnarzt geht niemand gerne, ein Polizist muss sich heutzutage leider sehr oft von irgendwelchen Vollidioten beschimpfen lassen, und auch der Klempner wird meistens nur dann gerufen, wenn etwas kaputtgegangen ist und die Nerven schon blank liegen. Wir aber dürfen jeden Tag Gastgeber für fremde Menschen sein, die zu uns kommen, um ein schönes Erlebnis zu haben. Das ist doch ein riesengroßes Kompliment.

Trotzdem muss man natürlich mit seinen Kräften haushalten. Wenn man irgendwann bemerkt, dass die Schlagzahl auf Dauer ein bisschen zu hoch wird, ist es an der Zeit, Kompetenz weiterzugeben, sich um andere Bereiche zu kümmern und diese im Idealfall weiterzuentwickeln. Sonst wird man es nicht schaffen und bemerkt das am Ende womöglich erst, wenn es zu spät ist – gesundheitlich, ökonomisch oder beides. Diese schlaue, aber eigentlich sehr einfache Erkenntnis stellt jedoch ein großes Problem für viele Protagonisten gerade in der sogenannten gehobenen Gastronomie dar: Manche Spitzenköche unterliegen noch immer dem Irrglauben, die Gäste kämen allein ihretwegen und nicht etwa wegen des Essens, des Service-Teams, des Ambientes oder im Idealfall wegen des kulinarisch-sinnlichen Gesamterlebnisses. Das aber war und ist totaler Bullshit. Wer sich für unentbehrlich hält und sich nicht mal traut, für ein paar Wochen in den Urlaub zu fahren, vor lauter Angst, die Stammkundschaft in dieser Zeit zu verlieren, der hat etwas ganz Wesentliches falsch gemacht und wird vermutlich an einem Herzinfarkt oder einer Leberzirrhose sterben. Und das ist auf keinen Fall erstrebenswert.

Ich habe mich relativ früh entschieden, einen anderen Weg zu gehen und mich von solchen Zwängen frei zu machen. Nicht nur meiner Gesundheit wegen. Eher weil mich die Erfahrungen, die ich in diesem Zusammenhang gemacht habe, wirklich nachhaltig erschütterten. Da war zum einen die unerträgliche Wichtigtuerei, die gerade in vermeintlich »besseren« Restaurants betrieben wurde. Manche Kollegen machten sich in der Vergangenheit bedeutsamer, als sie waren, indem sie ihr Lokal nicht wie ein schönes Gasthaus zum Wohlfühlen ausgestattet hatten, sondern wie ein Mausoleum, in dem die Gäste es nicht einmal wagten, sich normal zu unterhalten. Dann gaben sie den Gerichten Bezeichnungen, die oft so lächerlich waren, dass man sie kaum anständig übersetzen, geschweige denn unfallfrei erklären konnte. Alles in allem schufen sie eine Atmosphäre, die einen schnell verunsicherte. Wie aber sollte dem Gast das Essen schmecken, wenn er ständig Angst hatte, etwas falsch zu machen oder sich ungeschickt zu verhalten? Nur teuer, schick und affektiert zu sein, war noch lange kein Markenprofil.

Das handhaben wir komplett anders. Bei uns läuft beispielsweise seit vielen Jahren ganz lockere Musik im Hintergrund, damit sich die Leute, die zu uns kommen, von Anfang an wohlfühlen und sich trauen, miteinander zu lachen. Unser Menü ist so geschrieben, dass es jeder verstehen kann. Wenn es als dritten Gang Schweinebauch und Hummer gibt, steht eben »Schweinebauch und Hummer« in der Karte. Für den Rest drum herum gibt's dann das Team um Jochen Bauer und Susanne Spies, die unsere Speisen und unsere Weine herzlich und unaufgeregt erläutern. Dazu habe ich mein Team mit legerer Arbeitskleidung ausgestattet, die sich entspannt tragen lässt und entspannt aussieht. Niemand soll sich bei uns underdressed vorkommen, weil er von einem steifen Pinguin mit Frack und Fliege bedient wird und nicht von einem netten Menschen in einem coolen Hemd.

Darüber hinaus ist mit wirklicher Spitzengastronomie in vielen Fällen kein Geld zu verdienen. Über all die subventionierten Eitelkeitstempel, die keiner betriebswirtschaftlichen Prüfung je standhalten würden, habe ich mich ja schon ausgelassen. Doch auch ansonsten kenne ich viele Köchinnen und Köche, die sich zwar mit etlichen Auszeichnungen schmücken dürfen, aber monatlich nicht einmal ausreichend Geld für die private Miete abzweigen können. Angesichts der Arbeit und des Aufwands, die hinter einem solchen Restaurant stecken, ist das mehr als lächerlich – und kein gutes Vorbild für den Nachwuchs.

Außerdem finde ich, dass sich unsere Branche viel zu lange versklaven ließ. Uns wurden gerne mal gastronomische Leitlinien diktiert, hinter denen wir selbst nicht standen, bloß weil uns manche Medien und deren Redakteure einreden wollten, was gerade angesagt war und was nicht. Und auch wenn ich etwa die kulinarische Kreativität einer Molekularküche keinesfalls in Abrede stellen möchte: Nur weil ich keine mit Trockeneis verdampfte, fermentierte Pastinake im Reagenzglas servierte, war ich noch lange nicht altmodisch, wie mir manche Kritiker glauben machen wollten. Mit Teller-Ikebana und technischem Schnickschnack allein entsteht noch lange kein Genuss.

Erstmals wirklich aufgefallen ist mir die ganze Misere, als ich selbst von einem Food-Journalisten abgewatscht wurde. Es war ein Schock, der aber eine heilsame Wirkung entfaltete. Bis dahin hatte ich mit schöner Regelmäßigkeit respektable bis sehr gute Bewertungen bekommen, worauf ich jedes Mal durchaus stolz war. An jenem Abend saßen an einem Tisch zwei Gäste, ein Mann und eine Frau. Ich begrüßte sie nett und erzählte einen kleinen Witz. Es war nichts Wildes, einfach nur ein lustiger Spruch, wie man ihn eben raushaute, wenn man eine leicht angespannte Stimmung etwas auflockern wollte. Ich bemerkte sofort, dass etwas nicht stimmte. Der Herr lachte nicht, sondern schaute betreten zu Boden. Ich ließ die beiden in Ruhe essen und verabschiedete mich am Ende des Abends höflich. Wie sich im Nachhinein herausstellte, waren diese beiden Gäste Gastrokritiker. Einige Monate später kam die neue Ausgabe des Magazins, für das sie arbeiteten, heraus, in dem mal wieder einige Gastrobetriebe mit der entsprechenden Kritik aufgeführt waren. Und das »Restaurant Rosin« wurde nach allen Regeln der Kunst abgestraft! Das war ein Hammer.

Dabei hatten wir nichts anders gemacht als sonst auch. Am Essen gab es objektiv nichts zu beanstanden, und der Service war genauso aufmerksam wie gewohnt. Weil der Verfasser sich darüber denn auch nicht auslassen konnte, mutmaßte er in seinem Bericht, wir würden weniger Wein ausschenken als angegeben, um unsere neuen Gläser zu finanzieren. Das war eine Unverschämtheit. Tatsächlich hatte ich einige Monate zuvor Kelche von der Firma »Zalto« angeschafft, dem Mercedes unter den Glasherstellern. Ich fand, dass sie besser zum Geschirr passten und unseren Weinen noch mal einen besonderen Kick gaben. Aber es war absurd zu denken, wir würden den Anschaffungspreis dadurch wieder reinholen wollen, dass wir unsere Gäste bei der Ausschankmenge bescheißen. Das grenzte schon an Rufmord und erfüllte in meinen Augen den Tatbestand der üblen Nachrede.

Seitdem bin ich extrem skeptisch, was die Bewertungen einiger Gastronomieführer oder Essenszeitschriften angeht. Bis auf den »Guide Michelin«, der schon immer für alle Beteiligten äußerst nachvollziehbare, faire und transparente Kriterien verwendete, arbeiten viele andere Publikationen leider nach sehr subjektiven und undurchsichtigen Maßstäben. In meinem Fall war es offenbar ein simpler Joke, der zu einer derart krassen Bewertung führte. Offenbar hielten mich die Tester für einen Idioten, doch dafür konnten weder meine Leute noch mein Essen etwas. Das war genauso lächerlich, als würde der FC Schalke zwölf Punkte Abzug für die nächste Saison bekommen, weil der DFL das neue Trikot nicht gefiel. Und wenn, wie schon geschehen, ein Restaurant zum vermeintlich »besten Lokal« eines Landes gekürt wird, in dem sieben Köche für gerade mal fünfzehn Gäste arbeiten und somit sonnenklar ist, dass alle wirtschaftlichen Kriterien für diese Einstufung keinerlei Rolle spielen, verliere ich ohnehin den Respekt vor solchen Entscheidungen. Bestimmt ist das Essen dort aller Ehren wert. Aber der Beste sollte – wie es in allen anderen Branchen der Fall ist – auch ökonomisch eine herausragende Arbeit leisten. Dieter Zetsche wurde bei Daimler auch nicht nur danach bewertet, ob der neue Benz schöner war als die Autos von Audi oder BMW. Es war ebenso wichtig, dass die Zahlen stimmten. Da geht es schließlich auch immer um die Verantwortung für Unternehmen und Mitarbeiter.

Es gab schon einige Gastronomen, die nach einer ähnlichen öffentlichen Hinrichtung aus lauter Angst, einen Großteil ihrer

Gäste zu verlieren, hinauf auf den Dachboden gingen und sich kurzerhand erhängten. Diesen Gefallen wollte ich den genannten Kritikern aber selbstverständlich nicht tun. Und ich hoffe sehr, dass sich viele andere Kolleginnen und Kollegen ebenso von der Abhängigkeit solch fragwürdiger Veröffentlichungen emanzipieren. Dadurch arbeitet es sich nämlich sehr viel freier. Ich jedenfalls lasse mir meine Authentizität nicht von schlecht gelaunten Besserwissern kaputtmachen. Wer hingegen berechtigte Kritik an unserer Arbeit äußert, ist jederzeit herzlich willkommen. Diesbezügliche Äußerungen nehmen wir immer zum Ansporn, noch besser zu werden. Und Fehler passieren nun mal, zum Glück. In meinen Räumen arbeiten noch immer echte Menschen und keine seelenlosen Maschinen.

Auch eine andere Gruppe, die in den letzten Jahren überhandgenommen hat, überschätzt sich gerne. Ich rede von sogenannten Hobby-Food-Journalisten, die mit oft unverschämten Anfragen unser Postfach überfluten und uns unverhohlen damit drohen, uns zu zerreißen, wenn wir sie nicht kostenlos bei uns essen lassen. Einmal kam eine Gruppe solcher Leute auf einen Schlag und wollte kostenlos dinieren. Mit Schnorrern aber konnte ich noch nie etwas anfangen. Mein Vater sagte immer: »Wenn du etwas nicht verkaufen kannst, dann taugt es auch nichts.« So halte ich es bis heute. Ich möchte niemanden freihalten, den ich nicht kenne – nur weil ihm ein paar Tausend Leute auf Instagram oder Facebook folgen. Eingeladen werden von mir nur gute Freunde. Das aber von Herzen gern.

Der wichtigste Veränderungsprozess von allen aber war das Loslassen. In den ersten Jahren konnte ich vor lauter finanziellen oder organisatorischen Herausforderungen ohnehin nicht daran denken, wie ich mich personell breiter aufstellen und den Betrieb allein lassen konnte. Ich wusste von Anfang an, dass ich mich unternehmerisch weiterentwickeln musste, um nicht Abend für

Abend von der Hand in den Mund zu leben und schnurstracks auf einen Burn-out zuzusteuern. Doch ich hatte in dieser Zeit erst mal genug damit zu tun, dass Fred, der mehr als doppelt so alt war wie ich, Jacques und der Rest von der Truppe mir Jungspund nicht komplett auf der Nase herumtanzten. Und dass alle Rechnungen pünktlich bezahlt wurden.

Auch als ich vor fast zwanzig Jahren meinen ersten Stern bekam, war ich noch voll aktiv und stand jeden Tag von früh bis spät selbst am Herd. Ich war gedanklich zwar schon einige Schritte weiter und verteilte die Last auf mehrere Schultern. Dennoch bildete ich mir ein, dass bei zu vielen Freiheiten die Gefahr bestand, das Erreichte wieder zu verspielen. Aber eines Tages, nachdem Oliver Engelke schon einige Jahre bei mir war und sich in dieser Zeit immer mehr zu einer eigenständigen Instanz entwickelt hatte, fiel der Groschen. Wir arbeiteten beide nebeneinander und kamen zu einem Punkt, an dem ich mich entscheiden musste, wie es weiterging. Es konnte nur einen einzigen Küchenchef geben, entweder er oder ich. Ich übergab ihm den Stab. Heute könnte ich ohne seine Unterstützung vermutlich keine einzige Schicht mehr überstehen. Ich halte mich für einigermaßen fit, mache viel Sport, spiele zweimal die Woche Golf und ernähre mich gut. Aber körperlich ist nach vierzig Jahren in der Küche der Zenit längst überschritten, das lässt sich nicht schönreden.

Deshalb geht es mir jetzt im Tagesgeschäft eher um die Entwicklung der Gerichte, um die Auseinandersetzung mit kulinarischer Intelligenz und um die Schärfung des Profils. Noch immer gibt es in meinem Restaurant kein Gericht, das ich nicht mitentwickelt habe, aber als Unternehmer, der ich mittlerweile in erster Linie bin, muss ich nicht mehr sämtliche Gerichte für alle Gäste selber kochen – im Gegenteil. Wenn ich das täte, würde ich unserem Betrieb sogar schaden. Anstatt dessen kümmere ich mich darum, dass unsere Marke ihren Wert behält oder sich dieser idealerweise sogar steigert. Um das zu gewährleisten, haben mein Küchenchef Oliver Engelke, mein Restaurantleiter Jochen Bauer, meine Sommelière Susanne Spieß, mein Sous-Chef David Schmeing, mein Patissier Caner Puttkammer und alle anderen ihre präzisen Abläufe, damit alles so funktioniert wie von mir vorgegeben.

Schon seit vielen Jahren arbeiten alle bei uns strikt nach Plan: Ich kann genau sagen, wer am Dienstag um elf Uhr oder am Samstag um dreizehn Uhr dreißig was macht. Da bin ich echt pedantisch. Wir haben auch keine Putzfrau, weil ich möchte, dass jeder für alles zuständig ist – je nach seinem täglichen Pensum. Nur so schaffe ich das Bewusstsein, dass jeder Einzelne sich für das große Ganze verantwortlich fühlt. Auf meiner Checkliste steht unter anderem, dass man eine Schnur spannen muss, um die Flaschen auf dem Sideboard exakt im Lot anrichten zu können. Oder wie der Hof gefegt und die Blüten in den Blumenkästen gezupft werden müssen. Um das auf Dauer durchziehen zu können und zu verhindern, dass die anderen denken, ich hätte eine Vollmeise, benötigt man Disziplin, Durchsetzungsvermögen und Glaubwürdigkeit. Hauptsächlich aber eine gute Mannschaft.

Man sagt mir nach, eine gute Führungsperson und ein fairer Chef zu sein. Das liegt aber vermutlich weniger an irgendeiner Begabung, sondern eher an meinem ausgeprägten Harmoniebedürfnis. Das hatte ich schon immer, gerade wegen der häufigen Konflikte mit meinem Vater. Leider war dieses Bedürfnis durch die Ausbildung lange verschüttet. Doch seit ich mir damals, nach einigen Jahren der falschen Herangehensweise aufgrund der eigenen Unsicherheit und meiner Ängste, professionelle Hilfe gesucht habe, die mir meine eigenen Schwächen und Fehler aufzeigen konnte, wollte ich nur noch mit Angestellten zusammenarbeiten, mit denen ich mich verstand – und die ihrerseits gerne zur Arbeit kamen. Kreativität und Kochleidenschaft funktionieren nach meiner Überzeugung nur, wenn Geist und Seele ausreichend Platz zur Entfaltung haben. Und nicht, wenn man wie ein scheues Reh vom Jäger andauernd durchs Gatter gejagt wird.

Es ist immens wichtig, seinen Beschäftigten zuzuhören und darauf zu achten, wie es ihnen geht. In dieser Hinsicht bin ich wie ein Seismograf. Ich bemerke schnell, wenn jemandem etwas auf dem Herzen liegt. Wenn einer seit Wochen bedröppelt zum Dienst erscheint, weil er ständig Streit mit seiner Frau hat, möchte ich wissen, was die Ursache dafür ist, damit ich meinen Teil zur Lösung des Problems beitragen kann. Die Investition in zufriedene Mitarbeiter ist viel wert.

Genauso wichtig ist es, ihnen etwas zuzutrauen. Wer bei mir arbeitet und das möchte, bekommt selbstverständlich die Möglichkeit, sich weiterzubilden. Leider ist das noch immer die absolute Ausnahme, das sehe ich auch bei »Rosins Restaurants« wieder und wieder. Ich bin ziemlich sicher, dass von hundert Köchen, die seit Jahrzehnten in ihrem Beruf arbeiten, achtundneunzig noch nie eine Fortbildung gemacht haben. Entweder weil der eigene Antrieb irgendwann im Arbeitsalltag verloren gegangen und einem Tunnelblick gewichen ist, der keine andere Sichtweise als die vorhandene mehr zulässt. Oder weil sie der Chef schlichtweg nicht lässt – aus Geiz, mangelhafter Personalstruktur oder der Angst heraus, sie könnten abspenstig werden, wenn sie zu gut sind. Was für ein Quatsch!

Erst als meine Mitarbeiter von mir endlich mehr Raum bekamen und so das Bewusstsein erhielten, dass ihre Leistung anerkannt wurde, wurde alles anders. Die Umsätze und Gewinne stiegen jährlich, obwohl wir gastronomisch und kulinarisch erst mal gar nichts verändert hatten. Allein die veränderte Ausstrahlung und die innerliche Freude, zur Arbeit zu gehen, kurbelten das Geschäft an. Egon Wilms, der Küchenchef der »Engelsburg«, hatte mir damals eingebläut, ausschließlich ihn zu fragen, wenn ich etwas nicht wusste: »Kommen Sie nur zu mir. Nur ich kann Ihnen sagen, was Sie falsch gemacht haben. Ich weiß das alles« – das waren seine Worte, die ich noch immer als mahnendes Echo höre, wenn ich mir zwei oder drei Mal auf den Kopf klopfe. Wagte ich es doch, mir ausnahmsweise von einem Gesellen, der schon ein paar Jahre im Betrieb arbeitete, einen Rat zu holen, war Wilms völlig fassungslos, wie ich mich bei so jemandem nach einer fachlichen Meinung erkundigen konnte. Auf diese Weise konnte natürlich nie ein konstruktives Arbeitsklima entstehen.

Bei mir ist jeder gleich – egal ob er im ersten Lehrjahr bei uns arbeitet oder seit langer Zeit zu unserem Team gehört. Jeder darf alles fragen, und jeder darf alles kritisieren, wenn es dazu Anlass gibt. Niemand bei uns ist unfehlbar. Ich schon gar nicht. Auf diese Weise wurden sogar meine Mitarbeiter zur Marke innerhalb der Marke. Viele Gäste besuchen uns heute wegen Oliver, Jochen oder Susanne und nicht meinetwegen. Anstatt mich aber in meiner Eitelkeit verletzt zu fühlen, finde ich das richtig gut. Erst dadurch herrscht bei uns eine großartige Energie, die enorm viele Kräfte freisetzt und sich untereinander überträgt. Mittlerweile kann ich mit Fug und Recht behaupten: Das Lokal sind meine Mitarbeiter. Sollte mir etwas passieren oder ich längerfristig ausfallen, können sie es für mich weiterführen. Sofort. Wir alle sind die Firma Rosin. Die, die da sind, gehören da auch hin. Es ist eine Art Lebensfreundschaft, ohne sich aber privat auf die Pelle zu rücken. Auch das finde ich wichtig. Ich muss nicht auf einem runden Geburtstag oder einer Hochzeit meiner Mitarbeiter herumspringen, um meine Wertschätzung auszudrücken.

Durch den Prozess des Loslassens erhielt ich überhaupt erst die Freiräume, mich unternehmerisch weiterzuentwickeln. Das fing an mit dem Catering, das nach den ersten Gehversuchen schnell die gleiche kulinarische Handschrift tragen musste wie das Restaurant. Das war gar nicht so leicht, denn wir konnten nicht auf einer Firmenveranstaltung mit einer B-Mannschaft auflaufen wie der FC Bayern in der ersten Runde des DFB-Pokals gegen den SV Pappenhausen. Erstens bestand immer die Gefahr, sich bis auf die Knochen zu blamieren. Und zweitens gab es in unserem Betrieb seit jeher nur ein A-Team.

Es folgten erste Berateraufträge von Firmen, die mein kulinarisches Know-how und später auch meine Expertise hinsichtlich der Personalführung für sich nutzen wollten. Für Weltkonzerne wie RWE oder die RAG Montan Projekte zu entwickeln, war und ist mir eine Ehre – wenn ich daran denke, wo ich eigentlich herkomme. Zusammen mit einigen hochrangigen Kollegen und Persönlichkeiten wie Metro-Chef Olaf Koch durfte ich auch an den offiziellen Leitlinien für die gesamte Gastronomie mitarbeiten, mittels derer die Wiedereröffnung unserer Branche nach den Lockdowns gewährleistet werden konnte.

Natürlich zog die zunehmende Präsenz im Fernsehen auch den ein oder anderen Werbevertrag nach sich. Hier zeigte sich ebenfalls, wie viel Neid oder Missgunst es in unserer Gesellschaft im Allgemeinen und in unserer Branche im Besonderen gibt. Es verstand sich von selbst, dass ich nur für Dinge Werbung machte, mit denen ich mich voll identifizieren konnte. Doch wenn mir beispielsweise der Hersteller eines sehr effektiven Fleckenentferners eine ordentliche Summe bot, um für sein Produkt zu trommeln, hatte das nichts mit meiner Glaubwürdigkeit als Sternekoch zu tun, wie es mir manchmal vorgeworfen wurde. Sondern nur damit, dass ich mit diesen Einnahmen die Zukunft meines Unternehmens und damit die meiner Mitarbeiter und ihrer Angehörigen sicherte.

Sehr am Herzen liegt mir unser Verein »ROSINCHEN for Kids e.V.«, mit dem mein Team und ich zusammen mit großartigen Sponsoren künftig dafür sorgen wollen, dass sozial und gesellschaftlich benachteiligte Kinder aus Nordrhein-Westfalen in Sachen Ernährung gefördert werden. Es ist ein echtes Problem, dass in zahlreichen vor allem ärmeren Familien kaum noch Wert mehr darauf gelegt wird, was auf den Tisch kommt. Wenn ein Erwachsener die Bedeutung von gesunder Ernährung sowie ausreichend Bewegung ignoriert, ist das seine Sache. Wenn es jedoch um junge Menschen geht, die noch nicht für sich selbst sorgen können und denen zu allem Übel auch noch die dringend notwendige Bewegung fehlt, wie etwa während der Schulschließungen und Sportverbote der vergangenen beiden Jahre, dann läuten bei mir alle Alarmglocken. Da kann ich nicht einfach dabei zugucken.

In eine ähnliche Richtung geht das Start-up, das ich auf meine alten Tage noch gründete. Wie nahezu alle wichtigen Menschen nach dem 28. Februar 1991 hatte ich auch Frank Sulberg in meinem Restaurant kennengelernt. Im Lauf der Jahre wurde der Manager, der früher Geschäftsführer bei der MediaMarktSaturn-Holding war, zu einem meiner engsten Freunde, wichtigsten Mentoren und konstruktivsten Kritiker. Wann immer er mit einem Gedanken um die Ecke kam, lohnte es sich auf jeden Fall, genauer hinzuhören.

»Sag mal Frank, sagt dir der Name Max Meyer was?«, fragte Frank mich irgendwann. Ich musste lachen. Max war einer der Shooting-Stars des FC Schalke gewesen, spielte nun in der englischen Premier League und war mir natürlich seit Jahren ein Begriff.

»Er möchte sich mal mit dir treffen und sich mit dir über Ernährung im Spitzensport unterhalten«, sagte Frank, dessen Tochter Meyer schon länger kannte.

Mir imponierte es, dass ein junger Spitzensportler seine Lebensweise so reflektierte, indem er versuchte, durch das Hinterfragen seiner Angewohnheiten noch ein paar Prozent mehr an Leistungsfähigkeit herauszukitzeln. Auch wenn das manch einer nicht wahrhaben wollte: Die Zeiten, in denen man nach dem Training noch rauchen und saufen konnte, sind jedenfalls lange vorbei. Und wenn man sich einen Spieler wie Cristiano Ronaldo anschaute, der mit Mitte dreißig noch einen Körper besaß wie kaum ein achtzehnjähriger Nachwuchskicker, konnte man sich gut vorstellen, was eine gesunde Lebensweise ausmachte.

»Klar, ich treffe mich gern mit ihm«, sagte ich. »Das ist ein echt spannendes Thema.«

Zu meinem Erstaunen erklärte Max Meyer dann aber vor allem mir, wie eine zeitgemäße und gesunde Ernährung im Leistungssport heute auszusehen hat. Er hatte sich eingehend mit der Materie beschäftigt und wollte sein spezifisches Wissen nicht nur erweitern, sondern dachte auch darüber nach, daraus eine Geschäftsidee zu kreieren. Während des Gesprächs stellten wir schnell fest, dass wir auf einer Wellenlänge lagen und unsere unterschiedlichen Kompetenzen in ein spannendes, gemeinsames Projekt einbringen wollten. Zusammen mit meinem Kumpel Sebastian Lege, der in Sachen Produktentwicklung und Lebensmittelwissen zu den klügsten Köpfen gehört, die es in Europa gibt, tüftelten wir eineinhalb Jahre, um »Green Rosin« marktreif zu machen. Ines Erath hat in ihrer Funktion als Projektleitung das Ganze schließlich hervorragend aufgebaut und die Marke etabliert. Ich war froh, die beiden an meiner Seite zu haben. Denn einer meiner Leitsprüche lautete schon immer: Du kannst nur dann überall der Beste sein, wenn du die Dinge, die du nicht kannst, von den Besten entwickeln lässt. So war das auch hier.

Nun bieten wir sowohl für Hotelerie, Gastronomie und Kantinen als auch für Endverbraucher vegetarische und vegane Gerichte im »Baukastensystem« an – und zwar ganz ohne erhobenen Zeigefinger. Das Bewusstsein für eine gesündere Ernährung steigert man nicht, indem man mit der Moralkeule um die Ecke kommt und jemanden beschimpft, weil er sich mal eine günstige Bratwurst auf den Grill wirft. Aber an sich finde ich es schon befremdlich, dass hierzulande kaum jemand auf die Idee kommen würde, dauerhaft nur das billigste Motoröl in seine Karre zu schütten. Beim Auto wird geklotzt und nicht gekleckert, da gibt's die beste Wäsche und die teuersten Pflegeprodukte. Wenn es aber um unseren eigenen Motor geht, spielen Wertigkeit und Nachhaltigkeit häufig keine Rolle mehr. In Spanien oder Frankreich etwa war und ist Fleisch meist dem Wochenende vorbehalten. Dann kaufte man das beste Hühnchen am Markt oder ein schönes Kotelett vom Metzger, um seiner Familie ein Fest zu bereiten. An diesen Punkt müssen auch wir wieder kommen. Denn gutes Essen ist immer ein Fest – ob mit oder ohne Fleisch.

Überhaupt: Der Umgang mit Lebensmitteln ist wie das Erzählen einer guten Geschichte. Die kann spannend sein, leidenschaftlich oder aufregend – vollkommen egal. Wichtig ist nur, dass sie authentisch ist. Man muss all das, worüber man dem Gast auf seinem Teller berichtet, selbst erlebt haben. Sonst funktioniert die ganze Erzählung nicht. Das können oder wollen leider nicht alle Kollegen kapieren. Sie verzetteln sich in Konzepten, hinter denen sie nicht stehen oder die sie nicht verstehen. Ein Sizilianer, dessen Mama vielleicht die beste Pasta im ganzen Viertel gekocht hat und der in seiner eigenen Butze lieber Burger anbietet, wird wahrscheinlich nie das Feuer spüren, das es braucht, um Menschen dauerhaft für seine Arbeit zu begeistern. Vielleicht ist das auch ein bisschen viel verlangt – gerade in Zeiten, in denen es darum geht, einfach nur zu überleben. Die letzten beiden Jahre haben uns allen sehr viel abverlangt. Dennoch gibt es etliche Kollegen, die ganz tolle und emotionale kulinarische Geschichten zu erzählen haben.

Der kompletteste Koch, den ich in meinem Leben kennengelernt habe, ist wahrscheinlich Roland Trettl. Der Mann hat lange im »Hangar 7« gearbeitet, dem Multifunktionsprojekt des Red-Bull-Eigentümers Dietrich Mateschitz. Das Konzept des in die Location integrierten Restaurants »Ikarus« besteht darin, Spitzenköche aus aller Welt zu besuchen, sie anschließend nach Salzburg einzuladen, dort zwei Tage gemeinsam mit ihnen zu kochen und ihre Gerichte danach für einen Monat nachzukochen. Auch wenn ich – wie schon geschildert – der subventionierten Spitzengastronomie nicht ganz so viel abgewinnen kann, bin ich immer wieder beeindruckt von diesem Portfolio an Wissen, das Roland sich in all den Jahren im »Ikarus« angeeignet hat. Roland jagt aus meiner Sicht jeden Drei-Sterne-Kollegen an die Wand mit seinem Können.

Ein absolutes Alleinstellungsmerkmal hat für mich Tim Raue, der mit seiner sympathischen kulinarischen Besessenheit ein Vorbild ist. Auch The Duc Ngo, der in Berlin, Frankfurt und Baden-Baden inzwischen ein regelrechtes Gastro-Imperium mit mehr als einem Dutzend Läden betreibt, hat es geschafft, seine eigentlich recht puristische asiatische Kochkunst mit einer Gastfreundschaft und Herzlichkeit zu versehen, die ihresgleichen sucht. Extrem wohl fühle ich mich auch bei Steffen Henssler oder Alexander Herrmann, die über ihre gastronomischen Ideen hinaus schlichtweg großartige Gastgeber sind, und der letzte Besuch bei Hans Haas im »Tantris« war eine Offenbarung.

Das allerbeste Essen aber, das ich jemals gegessen habe, kam aus keiner Sterneküche. Es waren die Königsberger Klopse von meiner Oma Erna und die Frikadellen meiner Mama. Diese beiden einfachen, fleißigen und grundehrlichen Frauen hatten keine Ausbildung bei irgendwelchen bekannten Köchen gemacht und niemals Preise für ihre Kochkunst gewonnen. Sie benutzten auch nicht die besten und teuersten Lebensmittel. Sie versuchten nur, ihre Familien so gut wie möglich zu versorgen, und verwendeten dafür eben das, was sie sich gerade leisten konnten – und das war oft nicht viel in jenen Jahren, in denen ich bei ihnen aufwachsen durfte.

Während der Arbeit an diesem Buch sind erst meine Mutter und kurze Zeit später auch mein Vater verstorben. Ihm hätte ich noch zurufen wollen, dass ich gerne sein Freund gewesen wäre. Und wie schade ich es fand, dass er nie wirklich verstanden hat, was ich da so machte; in meinem Lokal, im Fernsehen und überhaupt. Aber nun gut, so ist das eben. Vielleicht ergibt sich die Gelegenheit ja noch irgendwann und irgendwo, wer weiß das schon. Sein Rat, mit den Augen und Ohren zu klauen, ist jedenfalls zu meiner Lebensweisheit geworden und hat dazu beigetragen, dass ich zu dem werden konnte, der ich bin.

Inspiration, Mutmacherin und Ratgeberin zugleich – meine Mutter

Mamas Tod indes hat mich härter getroffen, als ich mir zunächst eingestehen wollte. Marlies war nicht nur das Bindeglied innerhalb unserer Familie und stellte sich selbst bei den größten Konflikten mit meinem Vater immer auf meine Seite. Sie war meine Inspiration, meine Mutmacherin und meine Ratgeberin. Als ich mit gerade mal Mitte zwanzig mein eigenes Restaurant eröffnete, zögerte sie keine Sekunde, um mir zu helfen, obwohl sie selbst in ihren Betrieben weiß Gott genug um die Ohren hatte. Sie war es auch, die davon überzeugt war, dass wir aus einer alten Bruchbude etwas Einzigartiges schaffen konnten. Wenn wir in unseren ersten Jahren abends nicht wussten, wie wir am nächsten Tag unsere Rechnungen bezahlen sollten, war sie es, die mit mir zur Bank marschierte und mit den Sachbearbeitern diskutierte. Und wenn die Finanzen dann wieder für eine weitere Woche gesichert waren, fühlte sich das dank ihr besser an als jede Wellnessbehandlung. Mama war einfach der Fels in der Brandung.

Sie war streng, aber liebevoll. Wenn ich einen Arschtritt brauchte, verpasste sie mir einen. Aber nie, ohne mich gleichzeitig wieder aufzubauen – so wie nach meiner Rückkehr aus Kalifornien. Sie lehrte mich außerdem, Respekt zu haben, höflich und ehrlich zu sein und niemals den Kopf in den Sand zu stecken, selbst wenn die Lage noch so aussichtslos schien. Umgekehrt holte sie mich immer wieder rechtzeitig und sehr charmant auf den Boden zurück mit ihrer Geradlinigkeit, sodass ich nie Gefahr lief, zu überdrehen wegen der Sterne oder meiner Fernsehgeschichten. Ihre positive Einstellung strahlte auf so viele Menschen ab. Meine Mutter war bis zum Schluss für andere da. Und obwohl sie in ihrem kleinen Imbiss im Dorstener Grubenarbeiterviertel nichts weiter servierte als stinknormale Hausmannkost, wird keiner, der einmal bei ihr gegessen hat, sie je vergessen. Da bin ich mir ganz sicher. Denn ihre Hauptzutat für alles war schlicht: Liebe.

Und die ist beim Essen wie im Leben sowieso das Wichtigste!

Dank

Bedanken möchte ich mich bei Oliver Engelke, Jochen Bauer, Susanne Spieß und dem gesamten Rosin-Team!

Zu den Autoren

Frank Rosin, geboren 1966, zählt zu den profiliertesten Köchen Deutschlands. Er hat nicht nur eigene Sendungen im TV (»Rosins Restaurants«, »The Taste«, »Rosins Heldenküche«), sondern hält seit 2011 mit seinem Restaurant auch zwei Michelin-Sterne. Darüber hinaus ist er leidenschaftlicher Musiker und durch und durch ein Kind des Ruhrgebiets.

Andreas Hock ist freier Journalist, Ghostwriter und Bestsellerautor, zuletzt u. a. mit Monika Gruber in »Und erlöse uns von den Blöden«. Er lebt mit seiner Familie in Nürnberg.